SANTIAGO CORTÉS-SJÖBERG

W9-CHN-913

2015

UN AÑO LLENO

DE GRACIA

LOYOLA PRESS.
UN MINISTERIO JESUITA
Chicago

LOYOLAPRESS.
UN MINISTERIO JESUITA

3441 N. Ashland Avenue
Chicago, Illinois 60657
(800) 621-1008
www.loyolapress.com

© 2014 Loyola Press
Todos los derechos reservados.

Los pasajes de las Escrituras fueron sacados del Leccionario I © 1976 Comisión
Episcopal de Pastoral Litúrgica de la Conferencia del Episcopado Mexicano.
Leccionario II © 1987 Comisión Episcopal de Pastoral Litúrgica de la Conferencia del
Episcopado Mexicano. Leccionario III © 1993 Comisión Episcopal de Pastoral
Litúrgica de la Conferencia del Episcopado Mexicano. Uso con permiso. Todos los
derechos reservados.

Diseño de la portada y del interior de Kathy Kikkert.

ISBN-13: 978-0-8294-3949-6
ISBN-10: 0-8294-3949-8
Número de Control de Biblioteca del Congreso USA: 2014940881

Impreso en los Estados Unidos de América.

14 15 16 17 18 19 Bang 10 9 8 7 6 5 4 3 2 1

A Yvonne y Kyle

INTRODUCCIÓN

Años, meses, semanas, días y horas. Así es como medimos el tiempo. Pero ¿te acuerdas de lo que hiciste cada uno de los 12 meses, cada una de las 52 semanas, cada uno de los 365 días y cada una de las 8765 horas que formaron parte del año pasado? Por supuesto que no. Angue seguramente te acuerdas de los momentos clave del año, de los momentos de alegría y de tristeza, de esperanza y de desolación, de bienestar y de enfermedad, de luz y de sombra.

Este libro es una invitación a reflexionar con fe cada día —a la luz de la Palabra de Dios, de la Tradición de la Iglesia y de nuestra propia experiencia— para descubrir y ser conscientes de la presencia de Dios en esos momentos que nos llenan de gracia y vida; así como para descubrir aquellas situaciones en las que sentimos la ausencia de Dios porque nos hemos alejado de él.

La reflexión diaria personal:

- nos ayuda a ver amundo y a nuestra vida a través de los ojos de Dios y la fe;
- nos lleva a tener una actitud de gratitud hacia Dios;

- nos permite repasar el día con sinceridad, auxiliados por el Espíritu Santo;
- nos invita a transformar nuestro corazón continuamente para acercarnos cada vez más a Dios,
- y nos ayuda a afrontar el día siguiente con fortaleza y fe renovadas.

Para ayudarte, te ofrecemos este libro. Cada elemento que figura en cada página de este libro es, simplemente, una invitación a profundizar más en tu relación con Dios. Ni más ni menos. No existe una forma correcta o incorrecta de usar estas páginas.

- Si un día lo que te llama la atención es el *santo* que se celebra ese día, busca más información sobre él o ella; háblale en tu oración; pídele su intercesión; comprométete a emular una de sus virtudes. . .
- Si otro día es el *tiempo litúrgico* en lo que te fijas, reflexiona sobre los episodios de la vida de Jesús que este conmemora; sobre qué tienen que ver con tu propia vida; piensa en cómo puedes celebrar ese tiempo litúrgico en tu hogar. . .
- Si lo que te habla en el corazón es la breve *cita bíblica*, entonces vuélvela a leer con detenimiento y en oración;

dejando que la Palabra de Dios habite en tu interior; toma una biblia y lee la cita en contexto. . .

- Si la pequeña *reflexión* diaria evoca en ti una respuesta, pon atención a esa reacción tuya; ofrécesela en oración a Dios; reflexiona sobre los momentos de tu vida que la reflexión haya podido ayudarte a recordar. . .
- Si es una de las *oraciones* lo que da voz a lo que guardas en tu corazón, compártela con fe con Dios; adáptala o añádele tus propias palabras; permite que te lleve a un diálogo con Dios y escucha lo que este te quiere decir. . .
- Si es la *pregunta* final la que te conmueve, responde con un corazón humilde y veraz; deja que la pregunta te lleve a hacerte más preguntas a ti mismo; que te invite a la conversión y a transformar el mundo. . .
- Y si es la lista de las *lecturas de la misa del día* lo que te intriga, búscalas en tu Biblia y léelas; abre tu corazón a la Palabra de Dios; escúchala en lo profundo de ti, presente y activa en tu vida. . .

Al abrir cada página de este libro, déjate llevar por la curiosidad, por tus deseos, por tu corazón. . . por el Espíritu.

Permite que los santos te guíen e inspiren, que los tiempos litúrgicos te inviten a celebrar tu fe y a adentrarte en la vida de Cristo; que la Sagrada Escritura te hable al corazón y te lleve a responder con fe y amor; que las reflexiones te hagan meditar sobre la presencia de Dios en tu vida y tu relación con él; que las oraciones den voz a tu corazón y sean vehículo de diálogo con Dios; que las preguntas te ayuden a crecer como discípulo de Cristo y te reten a transformar tu vida y el mundo; que las lecturas de la misa del día te lleven a amar más la Palabra de Dios y a acogerla en tu interior, así como a participar en la liturgia de la Iglesia.

Dedicar unos minutos diarios a la reflexión y la oración, a descansar en la presencia de Dios, a abrirle y ofrecerle nuestro corazón y a dialogar con él en oración nos brinda la oportunidad de descubrir su presencia en nuestra vida diaria, de ser conscientes de cómo ésta es una bendición, de reconocer cómo esos momentos de gracia divina hacen que estos 365 días formen verdaderamente todo *un año lleno de gracia*.

Señor, tú eres nuestro padre;
nosotros somos el barro y tú el alfarero;
todos somos hechura de tus manos.
—ISAÍAS 64:7

¡Feliz año nuevo! Hoy, primer domingo de Adviento, comenzamos el año litúrgico. Con gozo, alegría y esperanza nos preparamos para la llegada —el advenimiento— de Jesucristo. Y nos entregamos a Dios, dejando que sus manos nos moldeen como arcilla para que nuestra vida sea un reflejo vivo de Cristo.

¿Cómo me voy a preparar este Adviento para recibir al Hijo de Dios y celebrar su nacimiento el día de Navidad?

Isaías 63:16–17,19; 64:2–7
Salmo 79
1 Corintios 1:3–9
Marcos 13:33–37

"Señor. Yo no soy digno de que entres en mi casa; con que digas una sola palabra, mi criado quedará sano".
—MATEO 8:8

Durante este periodo de preparación del Adviento, Dios nos llama a la conversión, al recogimiento y a la reflexión. En oración, ofrece a Dios tus esperanzas, temores y peticiones para este año que comienza. El Señor siempre escucha nuestras oraciones y nos ofrece su gracia misericordiosa y de amor.

¿Qué aspecto de mi vida necesita de la sanación?

Isaías 2:1–5
Salmo 121
Mateo 8:5–11

2 DE DICIEMBRE

"En aquel día brotará un renuevo del tronco de Jesé,
un vástago florecerá de su raíz.
Sobre él se posará el espíritu del Señor,
espíritu de sabiduría e inteligencia,
espíritu de consejo y fortaleza,
espíritu de piedad y temor de Dios".
—ISAÍAS 11:1–2

Que el Espíritu del Señor, que hemos recibido en nuestro Bautismo y Confirmación, nos colme con sus dones —sabiduría, entendimiento, consejo, fortaleza, ciencia, piedad y temor de Dios—, de manera que obren en nuestra vida y den abundantes frutos.

¿De qué manera siento la presencia del Espíritu Santo en mi vida?

Isaías 11:1–10
Salmo 71
Lucas 10:21–24

3 DE DICIEMBRE

• SAN FRANCISCO JAVIER, PRESBÍTERO •

En aquel día, el Señor del universo
preparará sobre este monte
un festín con platillos suculentos
para todos los pueblos;
un banquete con vinos exquisitos,
y manjares sustanciosos.
—ISAÍAS 25:6

Cierra los ojos. Imagina el banquete celestial al que el Señor te ha invitado. Aprecia la mesa y todos sus adornos. Observa los platillos y manjares tan ricos que van a comer. Te sientas en la silla reservada para ti. Jesús está sentado junto a ti. Él te mira, y entonces, entablan una conversación.

¿Qué te dice Jesús? ¿Qué le dices tú a él?

¡Ven, Señor, Jesús!

Isaías 25:6–10
Salmo 22
Mateo 15:29–37

4 DE DICIEMBRE

• SAN JUAN DAMASCENO, PRESBÍTERO Y DOCTOR DE LA IGLESIA •

*Confíen siempre en el Señor,
porque el Señor es nuestra fortaleza para siempre.*
—ISAÍAS 26:4

Señor, Dios mío,
tú siempre me acompañas
en los momentos difíciles
y nunca me abandonas.
Ayúdame a ser consciente
de tu presencia en mi vida
y a crecer en la fe.
Amén.

Isaías 26:1–6
Salmo 117
Mateo 7:21,24–27

5 DE DICIEMBRE

Les tocó los ojos, diciendo: "Que se haga en ustedes conforme a su fe". Y se
les abrieron los ojos.
—MATEO 9:29–30

Todos estamos necesitados de la sanación de Dios.

Habla en oración con el Señor y comparte con él aquellos aspectos de tu vida en los que haya dolor, amargura, tristeza, desconsuelo, desesperanza y pecado. Pídele que te sane, para así vivir la vida que Dios quiere para ti.

¿Qué aspectos de mi vida necesito cambiar? ¿Cuáles necesitan de la sanación de Dios?

Isaías 29:17–24
Salmo 26
Mateo 9:27–31

6 DE DICIEMBRE

• SAN NICOLÁS, OBISPO •

Les dijo: "Vayan en busca de las ovejas perdidas de la casa de Israel.
Vayan y proclamen por el camino que ya se acerca el Reino de los cielos".
—MATEO 10:6–7

Jesús nos envía —a ti y a todos los que creemos en él— a predicar la Buena Nueva. Colaboramos así en la misión de Jesús mismo: la de anunciar el Reino de Dios. Con nuestras palabras y obras proclamamos nuestra fe en Cristo, la celebramos en la liturgia de la Iglesia y la expresamos en nuestra forma de vivir.

¿Cómo predico a Cristo en mi vida diaria?

Isaías 30:19–21,23–26
Salmo 146
Mateo 9:35—10:1,6–8

[Juan el Bautista] proclamaba: "Ya viene detrás de mí uno que es más poderoso que yo, uno ante quien no merezco ni siquiera inclinarme para desatarle la correa de sus sandalias. Yo los bautizo a ustedes con agua, pero él los bautizará con el Espíritu Santo".
—MARCOS 1:7–8

Reza al Espíritu Santo, para que transforme tu vida y el mundo entero:

> Ven, Espíritu Santo,
> llena los corazones de tus fieles
> y enciende en ellos
> el fuego de tu amor.
> Envía, Señor, tu Espíritu,
> y renovarás la faz de la Tierra.

Isaías 40:1–5,9–11
Salmo 84
2 Pedro 3:8–14
Marcos 1:1–8

8 DE DICIEMBRE

• SOLEMNIDAD DE LA INMACULADA CONCEPCIÓN DE LA SANTÍSIMA
VIRGEN MARÍA •

María contestó: "Yo soy la esclava del Señor, cúmplase en mí lo que me has dicho".
—LUCAS 1:38

María, modelo de fe.
María, modelo de entrega.
María, modelo de servicio.
¿Cómo imito a la Virgen María en mi vida?
Amén.

Génesis 3:9–15,20
Salmo 97
Efesios 1:3–6,11–12
Lucas 1:26–38

"Preparen el camino del Señor en el desierto,
construyan en el páramo
una calzada para nuestro Dios".
—ISAÍAS 40:3

El Adviento es tiempo de preparación, personal y comunitaria. Esperamos la venida de Cristo el día de Navidad, su venida en nuestra vida y su segunda venida al final de los tiempos.

La oración, el servicio, la participación en los sacramentos y en la liturgia de la Iglesia, la reflexión personal, el compartir la fe. . . todas son maneras de prepararnos para el Adviento y de celebrarlo.

¿Cómo me estoy preparando yo?

Isaías 40:1–11
Salmo 95
Mateo 18:12–14

1o DE DICIEMBRE

Jesús dijo: "Vengan a mí, todos los que están fatigados y agobiados por la carga, y yo los aliviaré".
—MATEO 11:28

¿Quién puede negar que la vida es dura? A diario nos enfrentamos a situaciones difíciles, momentos de incertidumbre, ocasiones de dolor y angustia... Pero no estamos solos. Jesucristo está con nosotros. Siempre.

En oración, comparte con Jesús todo aquello que cargas en tu vida. ¿Estoy dispuesto a ponerlo todo en sus manos y a aceptar su ayuda y alivio?

Isaías 40:25–31
Salmo 102
Mateo 11:28–30

[Jesús dijo:] "El que tenga oídos que oiga".
—MATEO 11:15

Dedica hoy un momento a la oración contemplativa.

Busca un lugar tranquilo y cómodo para sentarte en silencio. Abre tu corazón, tu alma y tu mente al Señor. Ofrécele tus preocupaciones, tus peticiones, tu agradecimiento. . . Ofrécele todo tu ser.

Y escucha. Escucha a Dios hablarte en tu interior.

¿Qué te dice el Señor?

Isaías 41:13–20
Salmo 144
Mateo 11:11–15

12 DE DICIEMBRE

Entró el ángel a donde ella estaba y le dijo: "Alégrate, llena de gracia, el Señor está contigo".
—LUCAS 1:28

María, Virgen de Guadalupe, madre nuestra,
el Señor te envió para acercarnos a tu Hijo, Jesús.
Te pedimos que nos ayudes a seguir siempre tu
    ejemplo
y a ser fieles discípulos de Cristo.
Intercede, madre nuestra, ante él
y preséntale todas nuestras oraciones.
Amén.

Zacarías 2:14–17 o
Apocalipsis 11:19a; 12:1–6a,10ab
Judit 13:18 abcde,19
Lucas 1:26–38 o Lucas 1:39–47

Dichosos los que te vieron
y murieron gozando de tu amistad;
pero más dichosos
los que estén vivos cuando vuelvas.
—ECLESIÁSTICO [SIRÁCIDE] 48:9–11

Durante el Adviento, no nos limitamos a esperar la venida de Jesús el día de Navidad, sino que también esperamos su segunda venida al final de los tiempos. Será entonces cuando el Reino de Dios llegue a su plenitud y tenga lugar el Juicio Final.

Si Jesús regresara hoy mismo, ¿qué le diría sobre la manera que he vivido mi vida? ¿La vivo de acuerdo al Evangelio? ¿La vivo en amistad con Dios?

Eclesiástico [Sirácide] 48:1–4,9–11
Salmo 79
Mateo 17:10–13

El espíritu del Señor está sobre mí,
porque me ha ungido
y me ha enviado a anunciar la buena nueva a los pobres,
a curar a los de corazón quebrantado,
a proclamar el perdón a los cautivos,
la libertad a los prisioneros
y a pregonar el año de gracia del Señor.
—ISAÍAS 61:1–2

¿Cómo puedo anunciar el Evangelio? ¿Cómo puedo sanar y perdonar? ¿Ayudar a los oprimidos? ¿Proclamar al Señor presente en el mundo, aquí y ahora?

Isaías 61:1–2,10–11
Lucas 1
1 Tesalonicenses 5:16–24
Juan 1:6–8,19–28

Jesús les replicó: "Pues tampoco yo les digo con qué autoridad hago lo que hago".
—MATEO 21:27

No hace falta que le preguntemos a Jesús de dónde proviene su autoridad. Sabemos que brota de Dios Padre, fuente de amor y bondad. Pero aun sabiendo esto, a veces nos da miedo permitir que Jesús obre en nuestra vida; a veces nos da miedo escucharlo, cumplir sus mandatos u obrar como él quiere que obremos.

¿Qué aspecto del Evangelio me cuesta más poner en práctica en mi vida? ¿Por qué me resulta difícil hacerlo?

Números 24:2–7,15–17
Salmo 24
Mateo 21:23–27

16 DE DICIEMBRE

Aquel día, dice el Señor,
yo dejaré en medio de ti, pueblo mío,
un puñado de gente pobre y humilde.
Este resto de Israel
confiará en el nombre del Señor.
—SOFONÍAS 3:12

Dios ha establecido con su pueblo una Alianza, a la que él siempre permanece fiel. Nosotros, sin embargo, a menudo pecamos y le somos infieles. Es por ello que estamos llamados a la conversión continua, a ser pobres y humildes de corazón, y a buscar con confianza la misericordia y el amor divinos.

¿Cómo demuestra Dios su fidelidad en mi vida? ¿Cómo le soy fiel a Dios?

Sofonías 3:1–2,9–13
Salmo 33
Mateo 21:28–32

17 DE DICIEMBRE

• ANTÍFONA: *O SAPIENTIA* •

[Jacob les habló así:] "No se apartará de Judá el cetro,
ni de sus descendientes, el bastón de mando,
hasta que venga aquel a quien pertenece
y a quien los pueblos le deben obediencia".
—GÉNESIS 49:10

Durante el Adviento nos preparamos para la llegada del Salvador; de ese Salvador que nos prometió Dios desde un principio, aquel a quien le pertenece el bastón de mando, aquel a quien toda la creación le debe obediencia. Obedecer a Cristo significa vivir nuestra vida según sus enseñanzas, según la voluntad de Dios, Padre suyo y Padre nuestro.

¿Cómo pongo en práctica las enseñanzas de Jesús?

Génesis 49:2,8–10
Salmo 71
Mateo 1:1–17

18 DE DICIEMBRE

• ANTÍFONA: O ADONAI •

"Miren: viene un tiempo, dice el Señor,
en que haré surgir un renuevo en el tronco de David.
será un rey justo y prudente
y hará que en la tierra se observen la ley y la justicia."
—JEREMÍAS 23:5

El Reino de Dios —que Jesús anunció, vivió e instauró— es un reino de justicia y paz. Como discípulos de Cristo e hijos de Dios Padre, estamos llamados a ser personas justas y a cumplir las leyes divinas. Es así como participamos en la misión de Cristo y colaboramos con él para llevar el Reino de Dios a su plenitud.

¿Qué injusticias veo a mi alrededor? ¿Qué puedo hacer para promover la justicia en mi vida?

Jeremías 23:5–8
Salmo 71
Mateo 1:18–25

El ángel le dijo: "No temas, Zacarías, porque tu súplica ha sido escuchada. Isabel, tu mujer, te dará un hijo, a quien le pondrás el nombre de Juan".
—LUCAS 1:13

Desde un principio Juan supo que su misión era la de anunciar y preparar la llegada del Señor. Su llamado al arrepentimiento y la conversión sigue resonando en nuestro interior. Nuestra participación en los sacramentos, especialmente en la Eucaristía y en la Reconciliación, son maneras eficaces de prepararnos durante el Adviento para la llegada de nuestro Salvador.

¿Participo activa, plena y conscientemente en los sacramentos?

Jueces 13:2–7,24–25a
Salmo 70
Lucas 1:5–25

20 DE DICIEMBRE

• ANTÍFONA: *O CLAVIS DAVID* •

[Dijo Isaías:] "He aquí que la virgen concebirá y dará a luz un hijo y le pondrán el nombre de Emmanuel, que quiere decir Dios-con-nosotros".
—ISAÍAS 7:14

Dios, Creador y Padre nuestro,
te damos gracias porque tú nunca nos abandonas.
Tu amor es infinito, pues tú eres el amor mismo.
Porque nos amas, nos enviaste a tu propio Hijo,
Emmanuel, Dios-con-nosotros,
para salvarnos del pecado
y ofrecernos la vida eterna.
Derrama tu gracia sobre nosotros
y ayúdanos a transformar nuestros corazones
y vivir según tu voluntad.
Amén.

Isaías 7:10–14
Salmo 23
Lucas 1:26–38

21 DE DICIEMBRE

Entró el ángel a donde [María] estaba y le dijo: "Alégrate, llena de gracia, el Señor está contigo".
—LUCAS 1:30

Dios te salve, María,
llena eres de gracia;
el Señor es contigo.
Bendita Tú eres
entre todas las mujeres,
y bendito es el fruto de tu vientre, Jesús.
Santa María, Madre de Dios,
ruega por nosotros, pecadores,
ahora y en la hora de nuestra muerte.
Amén.

2 Samuel 7:1–5,8–12,14,16
Salmo 88
Romanos 16:25–27
Lucas 1:26–38

22 DE DICIEMBRE

• ANTÍFONA: *O REX GENTIUM* •

Dijo María:
"Mi alma glorifica al Señor
y mi espíritu se llena de júbilo en Dios, mi salvador".
—LUCAS 1:46–47

En oración, une tu voz al cántico de alabanza,
  gozo y acción de gracias la Virgen María.
¿Qué motivos tengo para alabar a Dios?
¿Cómo refleja mi vida el gozo que conlleva ser
  hijo de Dios?
¿Por qué estoy agradecido a Dios?

1 Samuel 1:24–28
1 Samuel 2
Lucas 1:46–56

• SAN JUAN CANCIO, PRESBÍTERO * ANTÍFONA: *O EMMANUEL* •

Esto dice el Señor: "He aquí que yo envío a mi mensajero. El preparará el camino delante de mí. De improviso entrará en el santuario el Señor, a quien ustedes buscan, el mensajero de la alianza a quien ustedes desean".
—MALAQUÍAS 3:1

El día de Navidad se acerca. El tiempo de preparación para el Adviento está terminando. El Salvador, a quien hemos estado esperando y anhelando con esperanza, está por llegar.

¿Estoy preparado?

Malaquías 3:1–4,23–24
Salmo 24
Lucas 1:57–66

24 DE DICIEMBRE

"Bendito sea el Señor, Dios de Israel,
porque ha visitado y redimido a su pueblo".
—LUCAS 1:68

Hagamos nuestras estas palabras de Zacarías, padre de Juan, quien con gozo y agradecimiento alabó a Dios por cumplir su promesa y haber enviado a su Hijo para salvarnos:

> Bendito sea el Señor, Dios de Israel,
> porque ha visitado y redimido a su pueblo,
> y ha hecho surgir en favor nuestro
> un poderoso salvador en la casa de David, su
> siervo.
> Así lo había anunciado desde antiguo,
> por boca de sus santos profetas.

2 Samuel 7:1–5,8–12,14,16
Salmo 88
Lucas 1:67–79

25 DE DICIEMBRE

• NATIVIDAD DEL SEÑOR: NAVIDAD •

"Hoy les ha nacido, en la ciudad de David, un salvador, que es el Mesías, el Señor". [. . .]
De pronto se le unió al ángel una multitud del ejército celestial, que alababa a Dios diciendo: "¡Gloria a Dios en el cielo, y en la tierra paz a los hombres de buena voluntad!".
—LUCAS 2:10–11,14

Gozo. Alabanza. Gloria. Gratitud.

Esta es la actitud del cristiano. Esta debe ser nuestra actitud hacia Dios Padre, quien cumple siempre sus promesas y nos ama incondicionalmente, hasta el punto de enviarnos a su propio Hijo para nuestra Salvación.

MISA VESPERTINA DE
LA VIGILIA:
Isaías 62:1–5
Salmo 88
Hechos de los Apóstoles 13:16–17,22–25
Mateo 1:1–25 o 1:18–25

MISA DE MEDIANOCHE:
Isaías 9:1–3,5–6
Salmo 95
Tito 2:11–14
Lucas 2:1–14

MISA DE LA AURORA:
Isaías 62:11–12
Salmo 96
Tito 3:4–7
Lucas 2:15–20

MISA DEL DÍA:
Isaías 52:7–10
Salmo 97
Hebreos 1:1–6
Juan 1:1–18 o 1:1–5,9–14

26 DE DICIEMBRE

• SAN ESTEBAN, PROTOMÁRTIR •

Mientras lo apedreaban, Esteban repetía esta oración: "Señor Jesús, recibe mi espíritu". Después se puso de rodillas y dijo con fuerte voz: "Señor, no les tomes en cuenta este pecado". Diciendo esto, se durmió en el Señor.
—HECHOS DE LOS APÓSTOLES 7:59

El primer santo que celebramos después del día de Navidad es Esteban, el primer discípulo en dar su vida por Jesús. No es una historia centrada en su muerte, sino en lo que significa entregarse completamente a Jesús. Una entrega que lleva, no a la muerte, sino a la vida eterna.

¿Estoy dispuesto a seguir a Jesús?

Hechos de los Apóstoles 6:8–10; 7:54–59
Salmo 3
Mateo 10:17–22

Les anunciamos, pues, lo que hemos visto y oído, para que ustedes estén unidos con nosotros, y juntos estemos unidos con el Padre y su Hijo, Jesucristo. Les escribimos esto para que se alegren y su alegría sea completa.
—1 JUAN 1:4

El Evangelio es una buena noticia, es la Buena Nueva. Esta es la razón de ser de la alegría y el gozo que deben caracterizar a todos los cristianos. Aun en los momentos difíciles, estamos llamados a ser personas alegres, pues Dios nos envió a su Hijo para derrotar el dolor, el sufrimiento, la muerte y el pecado. Esta es la Buena Nueva. Esto es motivo de alegría.

¿Cómo comparto mi alegría con los demás?

1 Juan 1:1–4
Salmo 96
Juan 20:1a,2–8

28 DE DICIEMBRE

• LA SAGRADA FAMILIA •

Cuando José y María entraban con el niño Jesús para cumplir con lo
prescrito por la ley, Simeón lo tomó en brazos y bendijo a Dios.
—LUCAS 2:27–28

En san José y la Virgen María encontramos un modelo de
fe y fidelidad a Dios, y a sus preceptos. Aun sin entender
del todo lo que estaba ocurriendo en sus vidas, e incluso
temerosos, José y María se entregaron completamente a Dios
y cumplieron su voluntad.

¿Cómo demuestro mi confianza en Dios? ¿Qué significa para
mí entregarme a Dios?

Eclesiástico [Sirácide] 3:2–6,12–14 o
Génesis 15:1–6; 21:1–3
Salmo 104 o Salmo 127
Colosenses 3:12–21 o
Hebreos 11:8,11–12,17–19
Lucas 2:22–40 o 2:22,39–40

En aquel que cumple su palabra, el amor de Dios ha llegado a su plenitud, y precisamente en esto conocemos que estamos unidos a él. El que afirma que permanece en Cristo debe de vivir como él vivió.
—1 JUAN 2:5–6

La vida del cristiano está marcada por el amor.

Proclamamos el amor de Dios con palabras, al participar en la vida litúrgica de la Iglesia, al dialogar con Dios en oración y al llevar una vida acorde con la voluntad divina.

¿En qué momentos siento el amor de Dios en mi vida? ¿Cómo comparto ese amor con los demás?

1 Juan 2:3–11
Salmo 95
Lucas 2:22–35

30 DE DICIEMBRE

Les escribo a ustedes, hijitos, porque han sido perdonados sus pecados en el nombre de Jesús.
—1 JUAN 2:12

Sabemos, por nuestra fe, que Dios envió a su Hijo para perdonarnos los pecados. Sabemos, por nuestra fe, que Dios perdona nuestros pecados. Pero a veces nos resulta difícil aceptar ese perdón incondicional. A veces pensamos que ni siquiera somos dignos del amor y el perdón de Dios. Y sin embargo, Dios nos lo ofrece libre y constantemente.

¿Busco el perdón? ¿Participo asiduamente en la celebración del sacramento de la Reconciliación?

1 Juan 2:12–17
Salmo 95
Lucas 2:36–40

Por lo que a ustedes toca, han recibido la unción del Espíritu Santo y tienen así el verdadero conocimiento. Les he escrito, no porque ignoren la verdad, sino porque la conocen.
—1 JUAN 2:21

Conocemos la Verdad —con "v" mayúscula— porque conocemos a Cristo, y él es la Verdad misma. El Espíritu Santo nos ayuda a ser conscientes de la presencia de Cristo en nuestra vida y a reconocerlo activo en el mundo; el Espíritu nos ayuda a discernir la voluntad de Dios, a diferenciar entre lo verdadero y lo falso. El Espíritu nos guía e impulsa, otorgándonos sus dones y haciendo que den fruto en nosotros para beneficio del Reino de Dios.

¿Cómo actúa el Espíritu Santo en mi vida?

1 Juan 2:18–21
Salmo 95
Juan 1:1–18

María, por su parte, guardaba todas estas cosas y las meditaba en su corazón.
—LUCAS 2:19

¡Oh, Señora mía! ¡Oh, Madre mía! Yo te ofrezco todo a ti y en prueba de mi filial afecto te consagro este día y todo el año, mis ojos, mis oídos, mi lengua, mi corazón; en una palabra, todo mi ser. Ya que soy todo tuyo, Madre compasiva, guárdame y defiéndeme como a pertenencia y posesión tuya.

Amén.

Números 6:22–27
Salmo 66
Gálatas 4:4–7
Lucas 2:16–21

*Juan les contestó: "'Yo soy la voz que grita en el desierto: "Enderecen el
camino del Señor"', como anunció el profeta Isaías".*
—JUAN 1:23

La conversión a la que estamos llamados es una conversión
continua. Es un llamado a enderezar nuestra forma de vivir y
a transformar nuestro corazón, de manera que esa nueva vida
sea reflejo de Cristo y que nuestro corazón irradie su amor,
misericordia y justicia.

¿Qué hay en mi corazón que necesita del perdón y del amor
de Cristo?

1 Juan 2:22–28
Salmo 97
Juan 1:19–28

Juan el Bautista [. . .] exclamó: "Este es el Cordero de Dios, el que quita el pecado del mundo".
—JUAN 1:29

Cristo —con su vida, Pasión, muerte y Resurrección— ha vencido al pecado y a la muerte. Gracias a él ya no somos esclavos del pecado. Aun así, seguiremos siendo tentados, y habrá ocasiones en las que pueda que pequemos. Pero sabemos que si recurrimos al Señor arrepentidos y con confianza, él nos perdonará los pecados y nos dará un corazón nuevo.

¿Tengo la necesidad de reconciliarme con Dios? ¿Con otras personas? ¿Conmigo mismo?

1 Juan 2:29—3:6
Salmo 97
Juan 1:29–34

Los magos [. . .] entraron en la casa y vieron al niño con María, su
madre, y postrándose lo adoraron. Después, abriendo sus cofres, le
ofrecieron regalos: oro, incienso y mirra.
—MATEO 2:11

Jesucristo, Señor mío,
abro el cofre de mi vida
y te ofrezco lo que hay en él:
mi alma,
mi mente,
mi corazón.
Te ofrezco todo mi ser.
Ayúdame a seguirte fielmente
y a proclamarte al mundo
con mis palabras y obras.
Amén.

Isaías 60:1–6
Salmo 71
Efesios 3:2–3,5–6
Mateo 2:1–12

5 DE ENERO

• SAN JUAN NEUMANN, OBISPO •

Hermanos míos, no se dejen llevar de cualquier espíritu, sino examinen toda inspiración para ver si viene de Dios.
—1 JUAN 4:1–2

Tomar una decisión, por insignificante que sea, no siempre es fácil. Con la ayuda del Espíritu Santo, en oración y reflexión, y con el consejo de los demás, podemos discernir la voluntad de Dios en nuestra vida.

¿A quién recurro cuando tengo que tomar una decisión? ¿Cómo sé que he tomado la decisión correcta?

1 Juan 3:22—4:6
Salmo 2
Mateo 4:12–17,23–25

*El que no ama, no conoce a Dios, porque Dios es amor. El amor que Dios
nos tiene se ha manifestado en que envió al mundo a su Hijo unigénito,
para que vivamos por él.*
—1 JUAN 4:8–9

Vivir en Jesús significa amar como él amó. Quien ama a Dios,
al prójimo, a sí mismo e incluso a sus enemigos, no tiene por
qué preocuparse de nada más, pues está rigiendo su vida según
el Mandamiento Mayor de Jesús. "Ama y haz lo que quieras",
dijo san Agustín. ¡Qué razón tenía!

¿Cómo guía el amor mi vida?

1 Juan 4:7–10
Salmo 71
Marcos 6:34–44

7 DE ENERO

• SAN RAIMUNDO DE PEÑAFORT, PRESBÍTERO •

Si Dios nos ha amado tanto, también nosotros debemos amarnos los unos a los otros. A Dios nadie lo ha visto nunca; pero si nos amamos los unos a los otros, Dios permanece en nosotros y su amor en nosotros es perfecto.
—1 JUAN 4:11–12

Dios mío, te amo sobre todas las cosas
y al prójimo por ti,
porque Tú eres el infinito,
sumo y perfecto Bien,
digno de todo amor.
Quiero vivir y morir en este amor.
Amén.

1 Juan 4:11–18
Salmo 71
Marcos 6:45–52

Amamos a Dios, porque él nos amó primero. Si alguno dice: "Amo a Dios" y aborrece a su hermano, es un mentiroso, pues quien no ama a su hermano, a quien ve, no puede amar a Dios, a quien no ve.
—1 JUAN 4:19–21

Tenemos que ser congruentes con nuestra fe. No podemos decir una cosa y actuar de manera opuesta. No podemos amar a Dios y odiar a sus criaturas. No podemos amar a Cristo y odiar a nuestros hermanos.

¿Refleja mi vida la fe que profeso? ¿A quién me cuesta más amar?

1 Juan 4:19—5:4
Salmo 71
Lucas 4:14–22

9 DE ENERO

Las muchedumbres acudían a oírlo y a ser curados de sus enfermedades.
—LUCAS 5:16

Cristo resucitado está presente en el mundo y en nuestra vida. Nos habla, nos invita a establecer una relación cada vez más profunda con él, nos ofrece su perdón y sanación, y nos guía hacia su Padre.

¿Cuál es mi respuesta a esa invitación de Cristo? ¿Salgo a su encuentro, a oírlo y a ser sanado?

1 Juan 5:5–13
Salmo 147
Lucas 5:12–16

10 DE ENERO

*La confianza que tenemos en Dios consiste en que, si le pedimos algo
conforme a su voluntad, él nos escucha.*
—1 JUAN 5:14

Dios no es un dios distante ni desinteresado. Dios siempre está a nuestro lado, atento a nuestra situación. Escucha cada una de nuestras oraciones y nos responde con amor, misericordia y justicia.

Siguiendo su ejemplo, nosotros estamos llamados a estar atentos a la situación de los demás. Debemos obrar en favor de la justicia y proclamar, con nuestras palabras y obras, la misericordia y el amor divinos.

¿Cómo promuevo la justicia en mi vida?

1 Juan 5:14–21
Salmo 149
Juan 3:22–30

*Al salir del agua, vio que los cielos se rasgaban y que el Espíritu, en figura
de paloma, descendía sobre él. Se oyó entonces una voz del cielo que decía:
"Tú eres mi Hijo amado; yo tengo en ti mis complacencias".*
—MARCOS 1:10–11

Al ser bautizados, pasamos a ser hijos de Dios y miembros
del Cuerpo de Cristo, la Iglesia. El ser hijos amados de Dios
conlleva comportarnos como tales; el ser miembros de la
Iglesia conlleva participar en su vida y misión.

¿Cómo demuestro a los demás que soy hijo de Dios?
¿Participo activamente en la Iglesia?

Isaías 42:1–4, 6–7 o Isaías 55:1–11
Salmo 28 o Isaías 12
Hechos de los Apóstoles 10:34–38 o
1 Juan 5:1–9
Marcos 1:7–11

Jesús les dijo: "Síganme y haré de ustedes pescadores de hombres".
Inmediatamente dejaron las redes y lo siguieron.
—MARCOS 1:17–18

Tal era la autoridad con la que hablaba Jesús. Pidió a unos pescadores que lo siguieran y así lo hicieron.

Si estuviera en el lugar de los pescadores, ¿habría hecho yo lo mismo? ¿Lo dejaría todo por Jesús?

Hebreos 1:1–6
Salmo 96
Marcos 1:14–20

13 DE ENERO

• SAN HILARIO, OBISPO Y DOCTOR DE LA IGLESIA •

El creador y Señor de todas las cosas, quiere que todos sus hijos tengan
parte en su gloria.
—HEBREOS 2:10

Dios solo desea lo mejor para nosotros. Por ello nos ofrece su gracia, su perdón, su misericordia y su amor. Todo lo bueno procede de él; todo lo bueno proclama su bondad.

¿Estoy dispuesto a aceptar lo que Dios me ofrece? ¿Estoy dispuesto a rechazar todo aquello que se interpone entre él y yo?

Hebreos 2:5–12
Salmo 8
Marcos 1:21–28

14 DE ENERO

La suegra de Simón estaba en cama, con fiebre, y enseguida le avisaron a Jesús. El se le acercó, y tomándola de la mano, la levantó. En ese momento se le quitó la fiebre y se puso a servirles.
—MARCOS 1:30–31

La respuesta de la suegra de Simón a su sanación no se limitó a meras palabras de agradecimiento. Se manifestó en un acto de servicio. Esta es la actitud del cristiano, quien responde al amor de Dios con amor hacia los demás. Y qué mejor forma de hacerlo que sirviendo y respondiendo a las necesidades del prójimo, al igual que Dios responde a las nuestras.

¿Cómo expreso mi gratitud a Dios por todo lo que él hace por mí?

Hebreos 2:14–18
Salmo 104
Marcos 1:29–39

15 DE ENERO

Se le acercó un leproso para suplicarle de rodillas: "Si tú quieres, puedes curarme". Jesús se compadeció de él, y extendiendo la mano, lo tocó y le dijo: "¡Sí quiero: sana!". Inmediatamente se le quitó la lepra y quedó limpio.
—MARCOS 1:40–42

La fe del leproso es un gran ejemplo para nosotros. Cristo está siempre dispuesto a sanarnos. Lo único que tenemos que hacer es dirigirnos a él con arrepentimiento, pedirle perdón y aceptarlo con un corazón converso.

¿Qué le pido hoy a Jesús?

Hebreos 3:7–14
Salmo 94
Marcos 1:40–45

Como no podían acercarse a Jesús por la cantidad de gente, quitaron parte del techo, encima de donde estaba Jesús, y por el agujero bajaron al enfermo en una camilla.
—MARCOS 2:4

Para los amigos del paralítico, no había obstáculo que los detuviera en su deseo de llegar hasta Jesús y pedirle la sanación. En nuestra vida, a veces somos nosotros mismos los que nos ponemos obstáculos, los que damos excusas inválidas o nos sentimos indignos del amor y el perdón de Dios.

¿Qué obstáculos existen en mi vida que no me permiten buscar y aceptar el amor de Dios?

¿Ayudo a los demás a acercarse a Dios?

Hebreos 4:1–5,11
Salmo 77
Marcos 2:1–12

Acerquémonos, por tanto, con plena confianza, al trono de la gracia, para recibir misericordia, hallar la gracia y obtener ayuda en el momento oportuno.
—HEBREOS 4:16

Con plena confianza, ofrécele a Dios el siguiente Acto de Esperanza:

> Señor Dios mío, espero por tu gracia
> la remisión de todos mis pecados;
> y después de esta vida,
> alcanzar la eterna felicidad,
> porque tú prometiste que eres
> infinitamente poderoso,
> fiel, benigno y lleno de misericordia.
> Quiero vivir y morir en esta esperanza.
> Amén.

Hebreos 4:12–16
Salmo 18
Marcos 2:13–17

[Jesús] les dijo: "Vengan a ver".
—JUAN 1:39

Estas palabras fueron la respuesta de Jesús cuando le preguntaron dónde vivía. Asimismo, podemos interpretarlas como una invitación dirigida a cada uno de nosotros. Una invitación a ver el mundo como lo ve él, a ver las injusticias que ve él, a ver cómo poner en acción el amor que ofrece él, a ver cómo transformar corazones como los transforma él, a ver cómo vivir la vida según su voluntad.

¿Estoy dispuesto a seguir a Cristo? ¿A ver lo que él ve? ¿A vivir la vida que él me invita a vivir?

1 Samuel 3:3–10,19
Salmo 39
1 Corintios 6:13–15,17–20
Juan 1:35–42

19 DE ENERO

[Jesús les dijo:] "Nadie echa vino nuevo en odres viejos, porque el vino rompe los odres, se perdería el vino y se echarían a perder los odres. A vino nuevo, odres nuevos".
—MARCOS 2:22

La conversión que nos pide Jesús es una conversión absoluta. Es un cambio de corazón que transforme todo nuestro ser, toda nuestra vida. Y al aceptar esa invitación y permitir que Cristo nos transforme, el mundo entero será transformado y el Reino de Dios llegará a su plenitud.

¿Estoy dispuesto a ofrecerle todo mi ser a Cristo, para que él me transforme? ¿Qué significaría eso en mi vida?

Hebreos 5:1–10
Salmo 109
Marcos 2:18–22

Deseamos, sin embargo, que todos y cada uno de ustedes mantenga hasta
el fin el mismo fervor y diligencia, para alcanzar la plenitud de
su esperanza.
—HEBREOS 6:11

Algunas noticias de la televisión, la radio o la prensa hacen que resulte fácil perder la esperanza en la humanidad. La vida y los sucesos del mundo pueden poner a prueba nuestra fe en los demás, y hasta en Dios mismo. Pero sabemos, en lo más profundo de nuestro corazón, que Dios nunca abandona a su pueblo y que siempre cumple sus promesas. Somos, por tanto, un pueblo de esperanza certera.

¿En qué ocasiones he perdido la esperanza? ¿Y en qué ocasiones la esperanza me ha fortalecido y sostenido?

Hebreos 6:10–20
Salmo 110
Marcos 2:23–28

[Jesús le dijo al hombre de la mano tullida:] "Extiende tu mano". La extendió, y su mano quedó sana.
—MARCOS 3:5

Cada uno de nosotros recibe esa misma invitación. Jesús nos invita a extender nuestra mano hacia él, a ofrecerle nuestro corazón, a entregarle nuestro ser.

¿Deseo ser sanado?

¿Estoy dispuesto a ponerme completamente en manos de Dios?

Hebreos 7:1–3,15–17
Salmo 109
Marcos 3:1–6

Jueves

22 DE ENERO

Jesucristo tiene un sacerdocio eterno, porque él permanece para siempre. De ahí que sea capaz de salvar, para siempre, a los que por su medio se acercan a Dios, ya que vive eternamente para interceder por nosotros.
—HEBREOS 7:24–25

Jesucristo es el camino que nos lleva a Dios y que nos conduce a la Salvación. Cristo se hace presente en los sacramentos, especialmente en la Eucaristía, en la que recibimos su Cuerpo y Sangre. Al participar en los sacramentos recibimos la gracia de Dios, que nos permite vivir según su voluntad.

¿Participo activa, plena y conscientemente en la Eucaristía dominical? ¿Celebro el sacramento de la Reconciliación con asiduidad?

Hebreos 7:25—8:6
Salmo 39
Marcos 3:7–12

23 DE ENERO

• SAN VICENTE, DIÁCONO Y MÁRTIR •

Jesús subió al monte, llamó a los que él quiso, y ellos lo siguieron.
Constituyó a doce para que se quedaran con él, para mandarlos a predicar
y para que tuvieran el poder de expulsar a los demonios.
—MARCOS 3:13–15

Todos los que creemos en Jesucristo somos discípulos suyos, es decir, sus seguidores. Y también somos sus apóstoles, pues hemos sido enviados para colaborar en su ministerio y continuar su misión.

¿Cómo vivo mi vocación de apóstol?

¿Cómo proclamo a Cristo en mi vida diaria?

¿Cómo colaboro con Cristo en la instauración del Reino de Dios?

Hebreos 8:6–13
Salmo 84
Marcos 3:13–19

Jesús entró en una casa con sus discípulos y acudió tanta gente, que no los dejaban ni comer. Al enterarse sus parientes, fueron a buscarlo, pues decían que se había vuelto loco.
—MARCOS 3:20–21

El mensaje y las enseñanzas de Cristo no siempre son bien recibidos, especialmente si van en contra de lo que la sociedad valora equivocadamente. Hoy en día también hay gente que califica a los cristianos de "locos", que piensan que lo que proclaman y viven no tiene ni sentido ni valor. Proclamar a Cristo nunca ha sido fácil, y tampoco lo es hoy. Pero en Cristo mismo encontramos la fortaleza y la gracia necesarias para anunciar la Buena Nueva allí donde nos encontremos.

¿En qué situaciones me resulta difícil compartir mi fe?

Hebreos 9:2–3,11–14
Salmo 46
Marcos 3:20–21

25 DE ENERO

Jesús se fue a Galilea para predicar el Evangelio de Dios y decía: "Se ha cumplido el tiempo y el Reino de Dios ya está cerca. Arrepiéntanse y crean en el Evangelio".
—MARCOS 1:14–15

Arrepentidos, rezamos el Acto de Contrición:

> Señor mío Jesucristo, Dios y hombre verdadero,
> Creador, Padre y Redentor mío.
> Por ser tú quien eres, Bondad infinita,
> y porque te amo sobre todas las cosas,
> me pesa de todo corazón haberte ofendido.
> También me pesa que puedas castigarme
> con las penas del infierno.
> Ayudado de tu divina gracia propongo
> firmemente nunca más pecar, confesarme y
> cumplir la penitencia que me fuera
> impuesta. Amén.

Jonás 3:1–5,10
Salmo 24
1 Corintios 7:29–31
Marcos 1:14–20

26 DE ENERO

• SANTOS TIMOTEO Y TITO, OBISPOS •

El Señor no nos ha dado un espíritu de temor, sino de fortaleza, de amor y de moderación. No te avergüences, pues, de dar testimonio de nuestro Señor.
—2 TIMOTEO 1:7–8

El Evangelio de Cristo no es algo que debamos guardar solo en nuestros corazones, escondiéndolo de los demás. Al contrario, la Buena Nueva de Cristo es para ser proclamada a todos los pueblos y las naciones, pues Cristo vino para todos los hombres. En una sociedad como la nuestra puede resultar difícil compartir nuestra fe con los demás. Pero para el cristiano no existe la opción de proclamar o no el Evangelio, de compartirlo o no con los demás. Nuestra vocación como cristianos requiere que lo hagamos.

¿Qué obstáculos encuentro a la hora de compartir mi fe con los demás? ¿De qué manera proclamo a Cristo en mi vida diaria?

2 Timoteo 1:1–8 o Tito 1:1–5
Salmo 95
Marcos 3:22–30

27 DE ENERO

• ÁNGELA DE MÉRICI, VIRGEN •

*Todos quedamos santificados por la ofrenda del cuerpo de Jesucristo,
hecha de una vez por todos.*
—HEBREOS 10:10

En la celebración de la Eucaristía, Jesús mismo es quien se sacrifica por todos nosotros; es su Cuerpo y Sangre los que se ofrecen sobre el altar. Gracias a su sacrificio en la cruz, Cristo resucitado nos ha salvado de una vez y para siempre. Esa es la Salvación que se nos ofrece y a la que se nos invita a responder con amor.

¿Cómo vivo la Eucaristía dominical el resto de los días de la semana?

Hebreos 10:1–10
Salmo 39
Marcos 3:31–35

[Jesús dijo:] "'Los que reciben la semilla en tierra buena' son aquellos que escuchan la palabra, la aceptan y dan una cosecha".
—MARCOS 4:20

De todos es muy conocida la parábola del sembrador.

¿Qué significa para mí aceptar la Palabra de Dios en mi vida?

¿Cómo sé que ha echado raíz en mí?

¿Cómo saben los demás que soy tierra fértil?

Hebreos 10:11–18
Salmo 109
Marcos 4:1–20

29 DE ENERO

Mantengámonos inconmovibles en la profesión de nuestra esperanza,
porque el que nos hizo las promesas es fiel a su palabra. Estimulémonos
mutuamente con el ejemplo al ejercicio de la caridad y las buenas obras.
—HEBREOS 10:23–24

Ser cristiano significa pertenecer al Cuerpo de Cristo, la Iglesia. Ser cristiano significa que no estamos solos, sino que pertenecemos a una comunidad en la que todos somos hermanos y hermanas en Cristo. Es nuestra la responsabilidad de compartir los gozos y las tristezas, de apoyarnos mutuamente y de ayudarnos en nuestras necesidades.

¿Cómo ayudo a los necesitados de mi parroquia y de mi comunidad?

Hebreos 10:19–25
Salmo 23
Marcos 4:21–25

30 DE ENERO

*No pierdan la confianza, pues la recompensa es grande. Lo que ahora
necesitan es la perseverancia, para que, cumpliendo la voluntad de Dios,
alcancen lo prometido.*
—HEBREOS 10:35–36

Dios, Señor mío,
té eres siempre fiel
y nunca nos abandonas.
Fortalécenos en nuestra fe
y fomenta en nosotros la ayuda mutua
y el amor fraternal,
para que nos apoyemos los unos a los otros
en amor y misericordia cuando lo necesitemos.
Amén.

Hebreos 10:32–39
Salmo 36
Marcos 4:26–34

31 DE ENERO

• SAN JUAN BOSCO, PRESBÍTERO •

Bendito sea el Señor, Dios de Israel,
porque ha visitado y redimido a su pueblo,
y ha hecho surgir en favor nuestro
un poderoso salvador en la casa de David, su siervo.
Así lo había anunciado desde antiguo,
por boca de sus santos profetas.
—LUCAS 1:68–70

Señor,
concédenos que libres de todo temor,
te sirvamos con santidad y justicia
todos los días de nuestra vida.
Amén.

Hebreos 11:1–2,8–19
Lucas 1
Marcos 4:35–41

*Se hallaba Jesús en Cafarnaúm y el sábado fue a la sinagoga y se puso a
enseñar. Los oyentes quedaron asombrados de sus palabras, pues enseñaba
como quien tiene autoridad y no como los escribas.*
—MARCOS 1:21–22

Las palabras de Jesús no son como las de cualquier otro
maestro o profeta. Sus palabras son palabras de vida, perdón,
amor y esperanza verdaderos; son palabras que se hacen
realidad en sus obras; son palabras que se cumplen en su vida,
Pasión, muerte y Resurrección; son palabras que llevan a la
Salvación.

¿Lees la Palabra de Dios en tu vida diaria? ¿Haces algún otro
tipo de lectura espiritual? ¿Participas en algún grupo bíblico o
de oración?

Deuteronomio 18:15–20
Salmo 94
1 Corintios 7:32–35
Marcos 1:21–28

2 DE FEBRERO

• PRESENTACIÓN DEL SEÑOR •

Cuando José y María entraban con el niño Jesús para cumplir con lo prescrito por la ley, Simeón lo tomó en brazos y bendijo a Dios.
—LUCAS 2:27–28

Señor, ya puedes dejar morir en paz a tu siervo,
según lo que me habías prometido,
porque mis ojos han visto a tu Salvador,
al que has preparado para bien de todos los
    pueblos;
luz que alumbra a las naciones
y gloria de tu pueblo, Israel.

Malaquías 3:1–4
Salmo 23
Hebreos 2:14–18
Lucas 2:22–40 o 2:22–32

3 DE FEBRERO

• SAN BLAS, OBISPO Y MÁRTIR • SAN ÓSCAR, OBISPO •

[Jesús] preguntó: "¿Quién ha tocado mi manto?" Sus discípulos le
contestaron: "Estás viendo cómo te empuja la gente y todavía preguntas:
'¿Quién me ha tocado?'"
—MARCOS 5:30–31

Imagina que eres tú quien, en fe, ha tocado el manto de Jesús. La multitud te rodea. Piensas que Jesús ni siquiera se ha dado cuenta. Y de repente, Jesús pregunta: "¿Quién me ha tocado?". Entonces tú te abres paso entre la gente y le respondes: "He sido yo".

Jesús, entonces, te invita a conversar con él.

¿De qué le gustaría a Jesús que le hablara? ¿Qué le voy a contar?

Hebreos 12:1–4
Salmo 21
Marcos 5:21–43

4 DE FEBRERO

Velen para que nadie se vea privado de la gracia de Dios, para que nadie sea como una planta amarga, que hace daño y envenena a los demás.
—HEBREOS 12:15

No solo debemos preocuparnos de nosotros mismos y de nuestra Salvación, sino que también debemos velar por la de los demás. Estamos llamados a colaborar con Cristo para que la gracia de Dios llegue a todos los rincones de nuestra comunidad, nuestra nación y el mundo.

¿Promuevo en mi parroquia la participación en los sacramentos? ¿Debo participar más en alguno de los ministerios que ofrece mi parroquia o diócesis?

Hebreos 12:4–7,11–15
Salmo 102
Marcos 6:1–6

5 DE FEBRERO

• SANTA ÁGUEDA, VIRGEN Y MÁRTIR • SAN FELIPE DE JESÚS,
PROTOMÁRTIR MEXICANO •

*Cuando ustedes se acercaron a Dios, no encontraron nada material, como
en el Sinaí: ni fuego ardiente, ni oscuridad, ni tinieblas, ni huracán, ni
estruendo de trompetas.*
—HEBREOS 12:18–19

El hecho de que Dios no se nos revele a través de signos prodigiosos como zarzas ardientes, columnas de humo o terremotos estrepitosos, no significa que no esté presente en el mundo o en nuestra vida. La mayoría de las veces la presencia de Dios es mucho más sutil.

¿En qué momentos de mi vida he sentido la presencia de Dios? ¿A través de quién se ha hecho presente?

Hebreos 12:18–19,21–24
Salmo 47
Marcos 6:7–13

Conserven entre ustedes el amor fraterno y no se olviden de practicar la hospitalidad, ya que por ella, algunos han hospedado ángeles sin saberlo. Acuérdense de los que están presos, como si ustedes mismos estuvieran también con ellos en la cárcel. Piensen en los que son maltratados, pues también ustedes tienen un cuerpo que puede sufrir.
—HEBREOS 13:1–3

Cuando un miembro de la Iglesia sufre, todos sus miembros sufren. Cuando alguien de tu comunidad sufre, tú también sufres. Y de igual manera, cuando alguien se alegra, tú también te alegras.

¿Quiénes sufren en mi comunidad? ¿En mi nación? ¿En el mundo?

¿Qué puedo hacer para promover la justicia y aliviar o eliminar su sufrimiento?

Hebreos 13:1–8
Salmo 26
Marcos 6:14–29

Sábado

7 DE FEBRERO

Que el Dios de la paz, el que, mediante la sangre de una alianza eterna,
resucitó de entre los muertos al pastor eterno de las ovejas, Jesucristo,
nuestro Señor, los enriquezca a ustedes con toda clase de dones para
cumplir su voluntad y haga en ustedes todo lo que es de su agrado, por
medio de Jesucristo, a quien sea dada la gloria por los siglos de los
siglos. Amén.
—HEBREOS 13:20–21

Jesucristo,
tú eres el Buen Pastor.
Ayúdame a seguirte siempre y
serte fiel;
que mi vida refleje la voluntad de Dios
y sea testimonio vivo de su amor y paz.
Amén.

Hebreos 13:15–17,20–21
Salmo 22
Marcos 6:30–34

*Simón y sus compañeros lo fueron a buscar, y al encontrarlo, le dijeron:
"Todos te andan buscando". El les dijo: "Vamos a los pueblos cercanos
para predicar también allá el Evangelio, pues para eso he venido".*
—MARCOS 1:36–38

Jesús no se contentó con quedarse quieto y predicar en un solo sitio; no se contentó con esperar a que la gente fuera en su busca. Al contrario. Jesús es el que fue en busca de la gente, de pueblo en pueblo, para ir allí adonde su mensaje era necesitado.

¿Busco a Jesús o espero que sea él quien me encuentre?

¿Qué aspecto de mi vida necesita más de la presencia de Cristo?

Job 7:1–4,6–7
Salmo 146
1 Corintios 9:16–19,22–23
Marcos 1:29–39

9 DE FEBRERO

En el principio creó Dios el cielo y la tierra. [. . .]
Y vio Dios que era bueno.
—GÉNESIS 1:1–19

Mira a tu alrededor. Observa los árboles de un parque, la hierba de un jardín. Escucha el canto de los pájaros. Disfruta del brillo del sol o del centelleo de las estrellas. Saborea tu platillo favorito. Acaricia una tela suave. Huele una flor. Mírate a ti mismo en un espejo. ¿Qué ves? ¿Qué escuchas? ¿Qué sientes? ¿Qué hueles? ¿Qué degustas?

¿Veo en el mundo creado a su Creador? ¿Veo lo bueno que es todo? ¿Veo lo bueno que Dios ha creado en mí?

Génesis 1:1–19
Salmo 103
Marcos 6:53–56

Dios bendijo el séptimo día y lo consagró, porque ese día cesó de trabajar en la creación del universo.
—GÉNESIS 2:4

Nuestros horarios, nuestra situación laboral, nuestras familias. . . y muchas cosas más hacen que nuestros días estén ocupados al máximo, que nos sintamos agotados y que prácticamente no tengamos ratos de ocio. Pero aun así, es importante dedicar algo de tiempo a la semana (e incluso cada día) a la oración y la reflexión; a conectarnos con la fuente de nuestra vida, Dios, para hablarle y escucharlo, o simplemente, para descansar en silencio en él.

¿Dedico tiempo con regularidad a la oración y la reflexión personal?

Génesis 1:20—2:4
Salmo 8
Marcos 7:1–13

———————

11 DE FEBRERO

[Jesús dijo:] "Lo que sí mancha al hombre es lo que sale de dentro, porque del corazón del hombre salen las intenciones malas".
—MARCOS 7:15

Así como lo malo sale de nuestro corazón, así lo bueno sale de él.

Si llenamos nuestro corazón de amor, misericordia, perdón, justicia y paz, no habrá lugar en él para el odio, la venganza, la envidia y el mal. Abramos, pues, nuestro corazón a Dios —fuente de todo bien— para que así solo brote de nosotros la bondad divina.

¿Hay alguna mancha en mi corazón que tengo que pedir a Dios que borre?

Génesis 2:4–9,15–17
Salmo 103
Marcos 7:14–23

[Adán exclamó:]
"Esta sí es hueso de mis huesos
y carne de mi carne.
Esta será llamada mujer,
porque ha sido formada del hombre".
—GÉNESIS 2:23

Todos compartimos la misma humanidad; todos somos criaturas de Dios; en todos se refleja la imagen y semejanza de nuestro Creador. Verdaderamente todos somos hermanos y hermanas. La doctrina social de la Iglesia, mediante la que promovemos la justicia y la paz, se basa en esta verdad.

¿Cómo promuevo la igualdad de las personas? ¿Cómo trabajo en favor de la justicia y la paz?

Génesis 2:18–25
Salmo 127
Marcos 7:24–30

13 DE FEBRERO

[Adán y Eva] oyeron luego los pasos del Señor Dios, que se paseaba por el jardín a la hora de la brisa, y se ocultaron de su vista entre los árboles del jardín.
—GÉNESIS 3:8

Dios paseaba por el jardín del Edén a la hora de la brisa. ¡Qué imagen tan bonita! Pero Adán y Eva se escondieron de él a causa del pecado que habían cometido. La historia pudo terminar ahí, pero sabemos que no es así. Dios envió a Jesucristo precisamente para restaurar lo que el pecado había echado a perder. Gracias a la vida, Pasión, muerte y Resurrección de Cristo, el pecado ha sido derrotado de una vez para siempre. Sabemos que nos espera una nueva creación, donde todo será como Dios quiso que fuera en un principio. Y no nos esconderemos de Dios cuando pasee por el jardín a la hora de la brisa.

Génesis 3:1–8
Salmo 31
Marcos 7:31–37

14 DE FEBRERO

[Los] discípulos le respondieron: "¿Y de dónde se puede conseguir pan, aquí en despoblado, para que coma esta gente?" El les preguntó: "¿Cuántos panes tienen?" Ellos le contestaron: "Siete".
—MARCOS 8:4–5

Jesús les preguntó qué tenían, y eso bastó para alimentar a una multitud. Al igual que lo hizo en aquel entonces a través de sus discípulos, Cristo obra también a través de nosotros. Lo que Jesús nos pide es que demos de nosotros mismos —de lo que tenemos— seamos quienes seamos y tengamos lo que tengamos.

¿Qué puedo ofrecer a los necesitados? ¿Cómo puedo colaborar en los ministerios de mi parroquia? ¿Cuáles son mis dones?

Génesis 3:9–24
Salmo 89
Marcos 8:1–10

*Por mi parte, yo procuro dar gusto a todos en todo, sin buscar mi propio
interés, sino el de los demás, para que se salven. Sean, pues, imitadores
míos, como yo lo soy de Cristo.*
—1 CORINTIOS 11:1

En san Pablo tenemos un ejemplo de alguien que se entregó
por completo a Cristo. No lo hizo para cosechar adulaciones
ni recibir honores. Si fue perseguido, apedreado, objeto de
burlas, ignorado. . . lo fue porque lo único que deseaba era
hacer la voluntad de Dios y proclamar a Cristo resucitado para
que quienes aceptaran el Evangelio gozaran de la Salvación.

¿Estoy dispuesto a imitar a Cristo sin importar las
consecuencias? ¿Cómo sirvo a los demás en mi hogar,
comunidad, parroquia y ciudad?

Levítico 13:1–2,44—46
Salmo 31
1 Corintios 10:31—11:1
Marcos 1:40–45

El Señor le dijo entonces a Caín: "¿Por qué te enfureces tanto y andas resentido? Si hicieras el bien, te sentirías feliz; pero si haces el mal, el pecado estará a tu puerta, acechándote como fiera; pero tú debes dominarlo".
—GÉNESIS 4:6–7

El pecado no solo daña nuestra relación con los demás y con Dios, sino que también nos daña a nosotros mismos. El pecado nos corroe el corazón y trae la oscuridad a nuestra vida; mientras que el bien engrandece nuestro corazón e ilumina nuestro ser.

¿He notado la oscuridad del pecado en mi corazón? ¿Y la luz del bien? ¿Cómo reacciono ante las tentaciones que surgen en mi vida y de qué modo las "domino"?

Génesis 4:1–15,25
Salmo 49
Marcos 8:11–13

*[Jesús les dijo:] "¿No recuerdan cuántos canastos de sobras recogieron
cuando repartí cinco panes entre cinco mil hombres?"*
—MARCOS 8:19

¡Qué pronto olvidaban los apóstoles las obras milagrosas de Jesús! ¡Y qué pronto olvidamos a veces nosotros todo lo que Jesús ha hecho por nosotros!

La gratitud es una actitud esencial del cristiano, que debemos cultivar y ejercer a diario.

Piensa en veinte cosas, situaciones, personas, etcétera por las que quieras dar gracias hoy a Dios.

Génesis 6:5–8; 7:1–5,10
Salmo 28
Marcos 8:14–21

Esto dice el Señor:
"Todavía es tiempo.
Vuélvanse a mí de todo corazón,
con ayunos, con lágrimas y llanto;
enluten su corazón y no sus vestidos".
—JOEL 2:12–13

Nunca es tarde para acercarnos aún más a Dios. La conversión a la que estamos llamados es una conversión continua, como continuos son el perdón y la misericordia de Dios.

La Iglesia nos ofrece la Cuaresma, el periodo de cuarenta días que hoy comenzamos, para prepararnos para celebrar la Resurrección de Cristo. Y qué mejor forma de hacerlo que recibiendo a Cristo resucitado en un corazón nuevo y limpio.

¿Qué voy a hacer para celebrar la Cuaresma este año?

Joel 2:12–18
Salmo 50
2 Corintios 5:20—6:2
Mateo 6:1–6,16–18

19 DE FEBRERO

Esto dice el Señor: "Mira: Hoy pongo delante de ti la vida y el bien o la muerte y el mal. Si cumples lo que te mando hoy, amando al Señor tu Dios, siguiendo sus caminos, cumpliendo sus preceptos, mandatos y decretos, vivirás y te multiplicarás".
—DEUTERONOMIO 30:15–16

Las opciones son claras: el bien o el mal, la vida o la muerte, el pecado o la gracia divina.

¿Qué voy a elegir?

¿Qué repercusiones va a tener esta elección en mi vida diaria?

Deuteronomio 30:15–20
Salmo 1
Lucas 9:22–25

"El ayuno que yo quiero de ti es éste, dice el Señor:
Que rompas las cadenas injustas
y levantes los yugos opresores;
que liberes a los oprimidos
y rompas todos los yugos;
que compartas tu pan con el hambriento
y abras tu casa al pobre sin techo;
que vistas al desnudo
y no des la espalda a tu propio hermano".
—ISAÍAS 58:6–7

Un cambio de corazón, una conversión, va más allá de nuestro interior. Es algo que se expresa en nuestra forma de relacionarnos con Dios y con los demás. Un corazón nuevo conlleva una vida nueva, en la que no hay lugar para las injusticias, la opresión ni el dolor.

¿Cómo vivo el llamado a la solidaridad y la justicia?

Isaías 58:1–9
Salmo 50
Mateo 9:14–15

Jesús les respondió: "[. . .] No he venido a llamar a los justos, sino a los pecadores, para que se conviertan".
—LUCAS 5:32

Y como todos somos seres humanos, todos somos pecadores. Por tanto, Jesús vino por todos nosotros; sus palabras y obras están dirigidas a todos nosotros; su llamado a la conversión es para todos nosotros; su promesa de Salvación es para todos nosotros.

¿Qué aspectos del mensaje de Jesús me cuesta más aceptar? ¿Por qué?

Isaías 58:9–14
Salmo 85
Lucas 5:27–32

Jesús se fue a Galilea para predicar el Evangelio de Dios y decía: "Se ha cumplido el tiempo y el Reino de Dios ya está cerca. Conviértanse y crean en el Evangelio".
—MARCOS 1:15

El mensaje de Jesús fue sencillo y claro: regresar a Dios. Es decir, volver a tener con él la relación que teníamos antes de que el pecado irrumpiera en el mundo. En eso consiste el Reino de Dios: en que todo volverá a ser como Dios quiso que fuera en un principio. Para eso vino Jesús: para conquistar el pecado y la muerte, y traernos la gracia y la vida eterna.

¿Qué debo hacer para regresar a Dios? ¿De qué me tengo que arrepentir?

Génesis 9:8–15
Salmo 24
1 Pedro 3:18–22
Marcos 1:12–15

23 DE FEBRERO

• POLICARPO, OBISPO Y MÁRTIR •

Dijo el Señor a Moisés: "'Sean santos, porque yo, el Señor, soy
santo. [. . .]
Ama a tu prójimo como a ti mismo. Yo soy el Señor'".
—LEVÍTICO 19:2,18

La santidad no está reservada a unos cuantos. La santidad es la vocación de todo cristiano y, para alcanzarla, lo único que debemos hacer es amar: amar a Dios y amar al prójimo. En cuanto permitimos que el amor guíe nuestro corazón, nuestra mente y nuestro ser, entonces nuestras palabras, obras y pensamientos reflejarán a Dios, quien es el Amor mismo y fuente de toda santidad. Nuestra vida será santa, pues será testimonio vivo de la santidad de Dios.

¿Quién es mi santo preferido? ¿Por qué es un modelo de vida para mí?

Levítico 19:1–2,11–18
Salmo 18
Mateo 25:31–46

⇒ 86 ⇐

[Jesús dijo a sus discípulos:] "Ustedes, pues, oren así".
—MATEO 6:9

Padre nuestro, que estás en el cielo,
santificado sea tu nombre,
venga tu Reino,
hágase tu voluntad
en la tierra como en el cielo.
Danos hoy nuestro pan de cada día,
perdona nuestras ofensas,
como también nosotros perdonamos a los que
        nos ofenden;
no nos dejes caer en tentación
y líbranos del mal.

Isaías 55:10–11
Salmo 33
Mateo 6:7–15

[Jesús dijo:] "Así como Jonás fue una señal para los habitantes de Nínive, lo mismo será el Hijo del hombre para la gente de este tiempo".
—LUCAS 11:30

Jonás, como muchos otros profetas, llamó a la conversión y pidió al pueblo que regresara a Dios y le fuera fiel. Se acercaba —anunciaban los profetas— la venida del Mesías, y había que estar preparados para ello. Entonces vino Jesús, el Mesías, y con su venida se inauguró "este tiempo" en el que nos encontramos. Un tiempo en el que Cristo nos llama también a la conversión, a regresar a Dios Padre, y así transformar nuestra vida y la sociedad, de manera que el Reino de los cielos llegue a su plenitud.

¿Qué me está diciendo Jesús durante esta Cuaresma? ¿Cómo me puedo acercar aún más a Dios?

Jonás 3:1–10
Salmo 50
Lucas 11:29–32

26 DE FEBRERO

Jesús dijo a sus discípulos: "Pidan y se les dará; busquen y encontrarán; toquen y se les abrirá. Porque todo el que pide, recibe; el que busca, encuentra; y al que toca, se le abre".
—MATEO 7:7–8

Una de las maneras en que Dios nos habla en nuestro interior es a través de nuestros deseos más profundos, de lo que realmente añoramos y deseamos en nuestro corazón.

¿Qué deseos guardo en lo más profundo de mi ser? Compartiéndolos con Dios en oración, le voy a pedir que me ayude a discernir el origen de estos deseos, para saber cuáles provienen de él y cuáles no, por cuáles debo pedir y por cuáles no.

Ester 4:17n,p-r,aa-bb,gg-hh
Salmo 137
Mateo 7:7–12

27 DE FEBRERO

Esto dice el Señor: "Si el pecador se arrepiente de los pecados cometidos, guarda mis preceptos y practica la rectitud y la justicia, ciertamente vivirá".
—EZEQUIEL 18:21

Dios del perdón y del amor,
me arrepiento de todo corazón
de todos mis pecados.
Me propongo firmemente,
con ayuda de tu gracia,
no pecar nunca más
y vivir según tu voluntad.
Amén.

Ezequiel 18:21–28
Salmo 129
Mateo 5:20–26

[Jesús dijo:] "Amen a sus enemigos, hagan el bien a los que los odian y rueguen por los que los persiguen y calumnian, para que sean hijos de su Padre celestial, que hace salir su sol sobre los buenos y los malos, y manda su lluvia sobre los justos y los injustos".
—MATEO 5:44–45

Dios ofrece su perdón y amor a todos los pecadores; y lo mismo nos pide que hagamos nosotros. Si hemos recibido la misericordia y la caridad de Dios, ¿cómo es posible que no podamos compartirlas con quienes más las necesitan?

¿Qué personas necesitan de mi perdón y amor? ¿Por quién debo rezar?

¿Qué personas necesitan perdonarme a mí? ¿Qué puedo hacer para enmendar esa relación?

Deuteronomio 26:16–19
Salmo 118
Mateo 5:43–48

Domingo

1 DE MARZO

• II DOMINGO DE CUARESMA •

Se formó entonces una nube, que los cubrió con su sombra, y de esta nube salió una voz que decía: "Este es mi Hijo amado; escúchenlo".
—MARCOS 9:7

Jesucristo en toda su gloria, transfigurado, flanqueado por Elías y Moisés. Jesús, en quien se cumplen las promesas anunciadas por los profetas, y quien establece una nueva y eterna alianza. Jesús es el Hijo de Dios, el Mesías esperado.

La Transfiguración es un anticipo de la Resurrección de Cristo. La Cuaresma, sin la Resurrección como final, no tendría sentido. Y nuestra fe tampoco.

¿Cómo demuestro mi amor a Cristo? ¿Cómo escucho a Cristo en mi vida?

Génesis 22:1–2,9–13,15–18
Salmo 115
Romanos 8:31–34
Marcos 9:2–10

2 DE MARZO

*Jesús dijo a sus discípulos: "Sean misericordiosos, como su Padre
es misericordioso".*
—LUCAS 6:36

Dios es misericordioso. ¿Lo soy yo?
Dios es justo. ¿Lo soy yo?
Dios perdona. ¿Perdono yo?
Dios ama. ¿Amo yo?

Daniel 9:4–10
Salmo 78
Lucas 6:36–38

3 DE MARZO

Martes

• SANTA CATALINA DREXEL, VIRGEN •

[Oigan la palabra del Señor:]
"Lávense y purifíquense;
aparten de mi vista sus malas acciones.
Dejen de hacer el mal, aprendan a hacer el bien,
busquen la justicia, auxilien al oprimido,
defiendan los derechos del huérfano
y la causa de la viuda".
—ISAÍAS 1:10

La conversión es algo más que una transformación interior. Si de verdad cambiamos nuestro corazón, también cambiará nuestra manera de relacionarnos con los demás. Si el bien habita en nuestro interior, haremos el bien. Y lo que es más, seremos conscientes del mal que nos rodea y trabajaremos para erradicarlo, convirtiéndonos en defensores de la justicia y la paz.

¿Qué injusticias veo a mi alrededor? ¿Cómo trabajo en favor de la justicia?

Isaías 1:10,16–20
Salmo 49
Mateo 23:1–12

[Jesús dijo:] "El que quiera ser grande entre ustedes, que sea el que los sirva, y el que quiera ser primero, que sea su esclavo; así como el Hijo del hombre no ha venido a ser servido, sino a servir y a dar la vida por la redención de todos".
—MATEO 20:27–28

La fe no se restringe al ámbito privado y personal. La fe nos llama a ir más allá de nosotros mismos, a vivirla en nuestras relaciones familiares, laborales y sociales. Una de las formas en que expresamos nuestra fe en Cristo es a través del servicio y las obras de amor por el bien de los demás. En Cristo tenemos el mejor ejemplo de entrega personal y de servicio.

¿Cómo sirvo a mi familia? ¿Cómo sirvo a mi comunidad?

Jeremías 18:18–20
Salmo 30
Mateo 20:17–28

5 DE MARZO

[Esto dice el Señor:]
"Bendito el hombre que confía en el Señor
y en él pone su esperanza.
Será como un árbol plantado junto al agua,
que hunde en la corriente sus raíces;
cuando llegue el calor, no lo sentirá
y sus hojas se conservarán siempre verdes;
en año de sequía no se marchitará
ni dejará de dar frutos".
—JEREMÍAS 17:7–8

Dios de la esperanza,
ayúdame a confiar siempre en ti,
aun en los momentos más difíciles.
Amén.

Jeremías 17:5–10
Salmo 1
Lucas 16:19–31

6 DE MARZO

[Los viñadores dijeron:] "Este es el heredero. Vamos a matarlo y nos quedaremos con su herencia". Le echaron mano, lo sacaron del viñedo y lo mataron.
—MATEO 21:38–39

A medida que se acerca la Semana Santa, las lecturas de la Cuaresma comienzan a anunciar la Pasión y muerte de Jesús.

A veces nos resulta muy fácil enfocarnos únicamente en el dolor y la crucifixión de Jesucristo, olvidándonos de su Resurrección. Y sin embargo, gracias a ella somos receptores de la "herencia" que hemos recibido: la Salvación.

Génesis 37:3–4,12–13,17–28
Salmo 104
Mateo 21:33–43,45–46

7 DE MARZO

• SANTAS PERPETUA Y FELICITAS, MÁRTIRES •

Señor, Dios nuestro, pastorea a tu pueblo con tu cayado,
a las ovejas de tu heredad,
que permanecen aisladas en la maleza,
en medio de campos feraces.
—MIQUEAS 7:14–15

Tú eres el Buen Pastor.
Te doy gracias
porque nunca abandonas a tu rebaño
y siempre me buscas
cuando me pierdo y alejo de ti.
Amén.

Miqueas 7:14–15,18–20
Salmo 102
Lucas 15:1–3,11–32

*La locura de Dios es más sabia que la sabiduría de los hombres, y la
debilidad de Dios es más fuerte que la fuerza de los hombres.*
—1 CORINTIOS 1:24–25

Dios es Dios; y nosotros no lo somos.

A veces se nos olvida tal verdad, y pensamos que podemos
hacerlo todo sin la presencia de Dios en nuestra vida. Pero,
como nos recuerda san Pablo hoy, solo en Dios encontramos
la verdadera sabiduría; solo en Dios encontramos nuestro
verdadero sustento y apoyo.

¿En qué momentos acudo a Dios en busca de consejo? ¿En qué
momentos me he refugiado en Dios?

Éxodo 20:1–17
Salmo 18
1 Corintios 1:22–25
Juan 2:13–25

Al oír esto, todos los que estaban en la sinagoga se llenaron de ira, y levantándose, lo sacaron [a Jesús] de la ciudad y lo llevaron hasta una barranca del monte, sobre el que estaba construida la ciudad, para despeñarlo. Pero él, pasando por en medio de ellos, se alejó de allí.
—LUCAS 4:28–30

El mensaje del Evangelio a menudo es rechazado por la sociedad, siendo objeto de burlas o simplemente ignorado como algo irrelevante. Pero esto no significa que no valga la pena proclamarlo y vivirlo. De hecho, como cristianos, estamos llamados a anunciarlo allí donde estemos, de palabra y obra, tal y como lo hizo Jesús.

Pase lo que pase.

2 Reyes 5:1–15
Salmos 41 y 42
Lucas 4:24–30

Pedro se acercó a Jesús y le preguntó: "Si mi hermano me ofende, ¿cuántas veces tengo que perdonarlo? ¿Hasta siete veces?" Jesús le contestó: "No sólo hasta siete, sino hasta setenta veces siete".
—MATEO 18:21–22

Dios,
tú siempre me perdonas
cuando acudo a ti arrepentido.
Ayúdame a perdonar
a quienes me han ofendido
y compartir con ellos
tu amor y misericordia.
Amén.

Daniel 3:25,34–43
Salmo 24
Mateo 18:21–35

Habló Moisés al pueblo, diciendo: "Ahora, Israel, escucha los mandatos y preceptos que te enseño, para que los pongas en práctica y puedas así vivir y entrar a tomar posesión de la tierra que el Señor, Dios de tus padres, te va a dar".
—DEUTERONOMIO 4:1

La fe debe ir acompañada de obras. De lo contrario, es una fe muerta. Cuando vivimos según la voluntad de Dios, obrando de manera consistente con nuestra fe, entonces es cuando de verdad estamos vivos, cuando de verdad somos partícipes del Reino de Dios.

¿Qué enseñanzas de Jesús me resultan más difíciles de poner en práctica? ¿Por qué?

Deuteronomio 4:1,5–9
Salmo 147
Mateo 5:17–19

12 DE MARZO

*Esto dice el Señor: "Esta es la orden que di a mi pueblo: 'Escuchen mi voz,
y yo seré su Dios y ustedes serán mi pueblo; caminen siempre por el
camino que yo les mostraré, para que les vaya bien'".*
—JEREMÍAS 7:23

Dios,
tú nos muestras el camino
que nos lleva a ti.
Te ruego escuchar siempre tu voz
y serte fiel,
y proclamar de palabra y obra
que tú eres mi Dios
y nosotros tu pueblo.
Amén.

Jeremías 7:23–28
Salmo 94
Lucas 11:14–23

"Arrepiéntanse y acérquense al Señor para decirle:
'Perdona todas nuestras maldades,
acepta nuestro arrepentimiento sincero,
que solemnemente te prometemos'".
—OSEAS 14:3

Dios mío, me arrepiento de todo corazón de todo lo malo que he hecho y de todo lo bueno que he dejado de hacer, porque al pecar te he ofendido a ti, que eres el sumo bien y digno de ser amado sobre todas las cosas. Me propongo firmemente no volver a pecar y evitar las ocasiones de pecado. Perdóname, Señor, por los méritos de la Pasión de nuestro Salvador Jesucristo.

Amén.

Oseas 14:2–10
Salmo 80
Marcos 12:28–34

*[El publicano] lo único que hacía era golpearse el pecho, diciendo: "Dios
mío, apiádate de mí, que soy un pecador".*
—LUCAS 18:13

En el silencio de tu corazón, en oración, haz tuya la oración
del publicano:

> Dios mío,
> apiádate de mí,
> que soy un pecador.
> Amén.

Oseas 6:1–6
Salmo 50
Lucas 18:9–14

Dios no envió a su Hijo para condenar al mundo, sino para que el mundo
se salvara por él.
—JUAN 3:17

La Cuaresma es para muchos un tiempo sombrío, triste y hasta lúgubre. A su parecer, solo se habla de pecado y de lo mucho que lo cometemos. Sin embargo, la Cuaresma es tiempo de esperanza y alegría. El énfasis no debe estar en el pecado, sino en el perdón que Dios siempre nos ofrece; no en la muerte, sino en la vida; no debe estar en la condena, sino en la Salvación.

¿Acepto el perdón de Dios? ¿Acepto su invitación de vivir en él? ¿Acepto la Salvación que me ofrece?

2 Crónicas 36:14–16,19–23
Salmo 136
Efesios 2:4–10
Juan 3:14–21

16 DE MARZO

Esto dice el Señor:
"Voy a crear un cielo nuevo y una tierra nueva;
ya no recordará lo pasado,
lo olvidaré de corazón".
—ISAÍAS 65:17

¿Cuántas veces decimos que hemos perdonado a alguien pero en nuestro fuero interno no olvidamos la ofensa o le ponemos condiciones al perdón? Dios, en cambio, no se comporta así. Cuando Dios perdona, perdona de verdad y para siempre. Dios no perdona con condiciones, ni guarda rencor. Dios se guía solo por el amor.

¿Le guardo rencor a alguien? ¿Perdono sincera e incondicionalmente a los demás?

Isaías 65:17–21
Salmo 29
Juan 4:43–54

[Jesús le dijo:] "Mira, ya quedaste sano. No peques más".
—JUAN 5:14

Dios del perdón y del amor,
te doy gracias porque me sanas
siempre que acudo a ti
con un corazón arrepentido.
Te pido me des la gracia necesaria
para resistir la tentación
y no volver a pecar.
Amén.

Ezequiel 47:1–9,12
Salmo 45
Juan 5:1–3,5–16

[Jesús dijo:] "Yo les aseguro que, quien escucha mi palabra y cree en el que me envió, tiene vida eterna".
—JUAN 5:24

Creemos en un solo Dios, Padre todopoderoso, Creador del cielo y de la tierra.

Creemos en un solo Señor, Jesucristo, Hijo único de Dios; que por nuestra salvación bajó del cielo, y por obra del Espíritu Santo, se encarnó de María, la Virgen, y se hizo hombre; y por nuestra causa fue crucificado en tiempos de Poncio Pilato; padeció y fue sepultado, y resucitó al tercer día.

Creo en el Espíritu Santo, Señor y dador de vida, que procede del Padre y del Hijo, y que habló por los profetas.

Isaías 49:8–15
Salmo 144
Juan 5:17–30

19 DE MARZO

• SAN JOSÉ, ESPOSO DE LA SANTÍSIMA VIRGEN MARÍA •

Cuando José despertó de aquel sueño, hizo lo que le había mandado el
ángel del Señor.
—MATEO 1:24

Bienaventurado San José,
por aquella caridad que con la Virgen María os
tuvo unido,
y por el paterno amor con que abrazasteis al
Niño Jesús,
humildemente os suplicamos
que socorráis nuestras necesidades.
Protegednos, para que, a ejemplo vuestro
y sostenidos por vuestro auxilio,
podamos santamente vivir
y alcanzar en el Cielo
la eterna felicidad.
Amén.

2 Samuel 7:4–5,12–14,16
Salmo 88
Romanos 4:13,16–18,22
Mateo 1:16,18–21,24 o Lucas 2:41–51

Si el justo es hijo de Dios,
él lo ayudará y lo librará de las manos de sus enemigos.
—SABIDURÍA 2:18

Jesús, el Hijo de Dios, cumplió la voluntad de su Padre hasta el final. Con su Resurrección, nuestros mayores enemigos —la muerte y el pecado— fueron derrotados de una vez y para siempre.

Ser justos es vivir según nos enseñó Jesús: amando a Dios y al prójimo como a nosotros mismos. Él nos guía e instruye, nos sana y alimenta, nos protege y fortalece. Con él en nuestra vida no hay nada que temer.

¿Cuáles son mis mayores temores en la vida? ¿Cómo me ayuda Dios a afrontarlos?

Sabiduría 2:1,12–22
Salmo 33
Juan 7:1–2,10,25–30

21 DE ✴ MARZO

*Surgió entre la gente una división por causa de Jesús. Algunos querían
apoderarse de él, pero nadie le puso la mano encima.*
—JUAN 7:43–44

A pesar de que sus enseñanzas y milagros no eran bien
recibidos por todos, Jesús nunca dejó de cumplir la voluntad
de Dios.

Hoy en día, ser discípulo de Jesús tampoco es fácil. Habrá
gente que se burle de nuestra fe, que nos critique con maldad,
que nos ataque por creer en Jesús y pertenecer a su Iglesia. . .
Pero en Jesús encontramos el ejemplo a seguir y la gracia
necesaria para proclamar y vivir nuestra fe cumpliendo la
voluntad de Dios en nuestra vida.

¿Cómo proclamo el Evangelio en mi vida? ¿Cómo reciben mi
comunidad y mi sociedad el mensaje del Evangelio?

Jeremías 11:18–20
Salmo 7
Juan 7:40–53

Domingo

22 DE MARZO

• V DOMINGO DE CUARESMA •

Esta será la alianza nueva
que voy a hacer con la casa de Israel:
Voy a poner mi ley en lo más profundo de su mente
y voy a grabarla en sus corazones.
Yo seré su Dios y ellos serán mi pueblo.
—JEREMÍAS 31:33–34

Los mandamientos, preceptos y enseñanzas de Dios no son simples conceptos que podemos estudiar y comprender con la mente; son actitudes y disposiciones internas que habitan en nuestro corazón. Son guías que dirigen nuestras relaciones con Dios, con los demás y con nosotros mismos.

¿Cómo vivo los mandamientos? ¿Los veo como reglas a seguir o como una forma de vivir, de ser?

Jeremías 31:31–34
Salmo 50
Hebreos 5:7–9
Juan 12:20–33

≥ 113 ≤

23 DE MARZO

• SAN TORIBIO DE MOGROVEJO, OBISPO •

[Jesús] les dijo: "Aquel de ustedes que no tenga pecado, que le tire la primera piedra". Se volvió a agachar y siguió escribiendo en el suelo.
—JUAN 8:7–8

Imagina que estás ahí, entre la multitud que quiere ajusticiar a la mujer pecadora. Escuchas las palabras de Jesús. Ves cómo, uno a uno, los presentes dejan caer las piedras de sus manos. Se han dado cuenta de que ninguno de ellos está libre de pecado.

¿Dejo yo también caer mi piedra? ¿Reconozco ante Jesús, con humildad y arrepentimiento, que soy un pecador? ¿Qué sería lo que escribió Jesús en el suelo?

Daniel 13:1–9,15–17,19–30,33–62 o 13:41–62
Salmo 22
Juan 8:1–11

Por el camino, el pueblo se impacientó y murmuró contra Dios y contra Moisés, diciendo: "¿Para qué nos sacaste de Egipto? ¿Para que muriéramos en el desierto?"
—NÚMEROS 21:4–5

La desconfianza y la desesperación se apoderan de los hebreos durante su peregrinaje por el desierto. Hambrientos y sedientos, les echan la culpa a Dios y a Moisés. Han olvidado las obras maravillosas que Dios ha realizado por ellos hasta entonces, y desconfían de la promesa que les había hecho Dios de llevarlos a la Tierra Prometida.

En los momentos difíciles, ¿pierdo la esperanza? ¿Desconfío de Dios?

Números 21:4–9
Salmo 101
Juan 8:21–30

25 DE MARZO

• ANUNCIACIÓN DEL SEÑOR •

Entró el ángel a donde ella [María] estaba y le dijo: "Alégrate, llena de gracia, el Señor está contigo".
—LUCAS 1:28

Infunde, Señor,
tu gracia en nuestras almas,
para que, los que hemos conocido,
por el anuncio del Ángel,
la Encarnación de tu Hijo Jesucristo,
lleguemos por los méritos de su Pasión y su Cruz,
    a la gloria de la Resurrección.
Por Jesucristo Nuestro Señor.
Amén.

Isaías 7:10–14
Salmo 39
Hebreos 10:4–10
Lucas 1:26–38

26 DE MARZO

Le dijo Dios a Abraham: "Cumple, pues, mi alianza, tú y tu posteridad,
de generación en generación".
—GÉNESIS 17:9

Lo prometido a Abraham y a sus descendientes llega a su plenitud en Cristo. Él ha establecido una nueva y eterna alianza al entregar y sacrificar su vida por nosotros y nuestra Salvación. Como partícipes de esta nueva alianza, como Pueblo de Dios, estamos llamados a cumplir nuestra parte. Para ello no estamos solos, pues contamos con la presencia del Espíritu, que nos guía, ayuda y fortalece.

¿Cómo cumplo la Alianza en mi vida? ¿Qué conlleva para mí ser miembro del Pueblo de Dios?

Génesis 17:3–9
Salmo 104
Juan 8:51–59

27 DE MARZO

[Jeremías dijo:]
Canten y alaben al Señor,
porque él ha salvado la vida de su pobre
de la mano de los malvados.
—JEREMÍAS 20:13

Señor Dios,
tú nos enviaste a tu Hijo, Jesucristo.
Con su Resurrección, el pecado y la muerte
    fueron derrotados,
y con ello nos trajo la Salvación y la vida eterna.
Por ello te alabo y doy gracias,
hoy y siempre.
Amén.

Jeremías 20:10–13
Salmo 17
Juan 10:31–42

Esto dice el Señor Dios: [. . .] Voy a hacer con ellos una alianza eterna de paz. Los asentaré, los haré crecer y pondré mi santuario entre ellos para siempre. En medio de ellos estará mi templo: yo voy a ser su Dios y ellos van a ser mi pueblo.
—EZEQUIEL 37:26–27

Dios no es un dios lejano y despreocupado. Nuestro Dios es un dios cercano, que establece una relación personal con todo su Pueblo, con cada uno de nosotros. A través de su hijo Jesucristo, ha establecido con nosotros una alianza para que podamos disfrutar de la vida y la paz eternas en su gloria y presencia.

¿Cómo siento a Dios presente en mi vida diaria? ¿Cómo participo de la vida de la Iglesia, el Pueblo de Dios?

Ezequiel 37:21–28
Jeremías 31
Juan 11:45–56

El sumo sacerdote le volvió a preguntar: "¿Eres tú el Mesías, el Hijo de Dios bendito?" Jesús contestó: "Sí, lo soy".
—MARCOS 14:61–62

Lo que empieza con vítores y alabanzas —la entrada triunfal de Jesús en Jerusalén—, termina con el silencio de una tumba —el entierro apresurado de Jesús crucificado—. Lo que podría parecernos el comienzo de una semana triste y de luto, no lo es porque sabemos que este no es el final de la historia. Sabemos que Cristo es el Hijo de Dios, el Mesías esperado, que derrotó a la muerte con su Resurrección. Y por ello nos unimos a la multitud y cantamos:

"Hosanna en el cielo. Bendito el que viene en el nombre del Señor. Hosanna en el cielo".

BENDICIÓN DE LAS PALMAS:
Marcos 11:1–10 o Juan 12:12–16

MISA:
Isaías 50:4–7
Salmo 21
Filipenses 2:6–11
Marcos 14:1—15:47 o 15:1–39

Proclamará la justicia con firmeza,
no titubeará ni se doblegará,
hasta haber establecido el derecho sobre la tierra
y hasta que las islas escuchen su enseñanza.
—ISAÍAS 42:3–4

Ha comenzado la Semana Santa. Se acerca la hora de la Pasión y muerte de Jesús. Para muchos, esto parecía ser el final de una esperanza.

Nosotros sabemos que no es así. Jesús es el Mesías. Con él, el Reino de Dios se ha hecho realidad y llegará a su plenitud al fin de los tiempos. Entonces reinará la justicia en toda la Tierra y la voluntad de Dios se cumplirá en todos los rincones del planeta, hasta en las islas más pequeñas y remotas.

¿Cómo voy a celebrar la Semana Santa?

Isaías 42:1–7
Salmo 26
Juan 12:1–11

31 DE MARZO

[Jesús les dijo:] "Yo les aseguro que uno de ustedes me va a entregar".
—JUAN 13:21

Dios,
tú eres justo y misericordioso,
ayúdame a serte siempre fiel
y a cumplir tu voluntad.
No me dejes caer en la tentación
y líbrame de todo mal.
Amén.

Isaías 49:1–6
Salmo 70
Juan 13:21–33,36–38

1 DE ABRIL

• MIÉRCOLES DE LA SEMANA SANTA •

Judas Iscariote fue a ver a los sumos sacerdotes y les dijo: "¿Cuánto me dan si les entrego a Jesús?"
—MATEO 26:14

Uno de sus propios discípulos, uno de sus propios amigos, traiciona a Jesús.

¿Le soy fiel a Cristo?

¿Lo he traicionado alguna vez?

¿He buscado su perdón y misericordia?

Isaías 50:4–9
Salmo 68
Mateo 26:14–25

[Jesús] se levantó de la mesa, se quitó el manto y tomando una toalla, se la ciñó; luego echó agua en una jofaina y se puso a lavarles los pies a los discípulos y a secárselos con la toalla que se había ceñido.
—JUAN 13:4–5

Hoy comienzan los días más sagrados del año litúrgico —el Triduo Pascual—, cuando conmemoramos los últimos días de la vida terrenal de Jesucristo.

Reunido con sus apóstoles en torno a la mesa, Jesús celebró la Última Cena entregándonos su propio Cuerpo y Sangre y dejándonos un modelo de servicio sin igual.

¿Participo activa, plena y conscientemente de la Sagrada Eucaristía? ¿Recibo el Cuerpo y Sangre de Cristo con asiduidad? ¿Sirvo a los demás como lo hizo Cristo?

MISA DEL SANTO CRISMA:
Isaías 61:1–3,6,8–9
Salmo 88
Apocalipsis 1:5–8
Lucas 4:16–21

MISA VESPERTINA DE LA CENA DEL SEÑOR:
Éxodo 12:1–8,11–14
Salmo 115
1 Corintios 11:23–26
Juan 13:1–15

Viernes

3 DE ABRIL

• VIERNES SANTO DE LA PASIÓN DEL SEÑOR • TRIDUO PASCUAL •

[Jesús dijo:] "Todo está cumplido", e inclinando la cabeza, entregó el espíritu.
—JUAN 19:30

Jesucristo cumplió la voluntad de Dios Padre hasta el final, haciendo el mayor sacrificio posible: se entregó en la cruz por nosotros. La cruz se convierte así en símbolo del amor divino, de vida eterna, de nuestra Salvación.

"Este es el madero de la Cruz, donde cuelga la salvación del mundo entero: Venid, adoradle", nos invitarán hoy.

Y con gozo, gratitud y alegría aceptaremos esa invitación.

CELEBRACIÓN DE LA PASIÓN
DE NUESTRO SEÑOR:
Isaías 52:13—53:12
Salmo 30
Hebreos 4:14–16; 5:7–9
Juan 18:1—19:42

HOY NO SE CELEBRA LA
SANTA MISA.

4 DE ABRIL

• SÁBADO SANTO • TRIDUO PASCUAL •

Entraron en el sepulcro y vieron a un joven, vestido con una túnica blanca, sentado en el lado derecho, y [las mujeres] se llenaron de miedo. Pero él les dijo: "No se espanten. Buscan a Jesús de Nazaret, el que fue crucificado. No está aquí; ha resucitado".
—MARCOS 16:5–6

Cristo ha resucitado.
¡Aleluya! ¡Aleluya!
El pecado y la muerte han sido derrotados.
¡Aleluya! ¡Aleluya!
Cristo nos ha traído la Salvación.
¡Aleluya¡ ¡Aleluya!

VIGILIA PASCUAL DE LA NOCHE SANTA:

Génesis 1:1—2:2 o 1:1,26–31
Salmo 103 o Salmo 32
Génesis 22:1–18 o 22:1–2,9–13,15–18
Salmo 15
Éxodo 14:15—15:1
Éxodo 15
Isaías 54:5–14
Salmo 29
Isaías 55:1–11
Isaías 12
Baruc 3:9–15,32—4:4
Salmo 18
Ezequiel 36:16–28
Salmos 41 y 42 o Isaías 12 o Salmo 50
Romanos 6:3–11
Salmo 117
Marcos 16:1–7

5 DE ABRIL

• DOMINGO DE PASCUA. LA RESURRECCIÓN DEL SEÑOR. •

"No se espanten. Buscan a Jesús de Nazaret, el que fue crucificado. No está aquí; ha resucitado. Miren el sitio donde lo habían puesto. Ahora vayan a decirles a sus discípulos y a Pedro: 'El irá delante de ustedes a Galilea. Allá lo verán, como él les dijo'".
—MARCOS 16:6–7

El miedo se ha disipado. El sufrimiento ha sido derrotado. La muerte ha perdido su poder. Las promesas se han cumplido.

La tumba está vacía. Nuestro corazón está colmado de gozo y vida.

Vayamos y digamos a todos: Cristo ha resucitado.

¡Aleluya! ¡Aleluya!

Hechos de los Apóstoles 10:34,37–43
Salmo 117
Colosenses 3:1–4 o 1 Corintios 5:6–8
Juan 20:1–9 o Marcos 16:1–7 o para la misa
vespertina, Lucas 24:13–35

Lunes

6 DE ABRIL

• OCTAVA DE PASCUA •

[Pedro dijo:] "A este Jesús, Dios lo resucitó, y de ello todos nosotros somos testigos. Llevado a los cielos por el poder de Dios, recibió del Padre el Espíritu Santo prometido a él y lo ha comunicado, como ustedes lo están viendo y oyendo".
—Hechos de los Apóstoles 2:33

Con nuestra vida diaria damos testimonio de nuestra fe en Cristo resucitado; del amor de Dios por nosotros; de la presencia activa del Espíritu Santo.

Proclamemos y defendamos la vida; seamos modelos del perdón y la misericordia; seamos instrumentos del Espíritu.

¡Aleluya! ¡Aleluya!

Hechos de los Apóstoles 2:14,22–33
Salmo 15
Mateo 28:8–15

María Magdalena se fue a ver a los discípulos para decirles que había
visto al Señor y para darles su mensaje.
—JUAN 20:18

Además de ser discípulos —seguidores— de Jesús, también somos sus apóstoles. Somos enviados a anunciar a Cristo y a continuar su misión.

¡Qué gozo y qué responsabilidad, ser llamados a ser mensajeros del Evangelio!

¡Aleluya! ¡Aleluya!

Hechos de los Apóstoles 2:36–41
Salmo 32
Juan 20:11–18

"¡Con razón nuestro corazón ardía, mientras nos hablaba por el camino y
nos explicaba las Escrituras!".
Entonces ellos contaron lo que les había pasado por el camino y cómo lo
habían reconocido al partir el pan.
—LUCAS 24:32–35

Nuestro encuentro continuo con Cristo, nuestra relación diaria con él, no nos deja indiferentes. Cada momento íntimo con el Señor nos transforma el corazón, nos hace arder en nuestro interior y nos da vida nueva.

La celebración de la Eucaristía —fuente y culmen de la vida cristiana— nos ofrece una oportunidad sin igual de encontrarnos con Cristo, permitir que él nos transforme y que se nos envíe a transformar al mundo entero.

¡Aleluya! ¡Aleluya!

Hechos de los Apóstoles 3:1–10
Salmo 104
Lucas 24:13–35

Se presentó Jesús en medio de ellos y les dijo: "La paz esté con ustedes".
—LUCAS 24:36

El pecado trajo consigo el caos, el dolor, el sufrimiento, el temor y la muerte.

La Resurrección de Cristo nos trae la alegría, la esperanza, la fe y la paz.

¡Aleluya! ¡Aleluya!

Hechos de los Apóstoles 3:11–26
Salmo 8
Lucas 24:35–48

_Jesús se acercó, tomó el pan y se lo dio y también el pescado.
Esta fue la tercera vez que Jesús se apareció a sus discípulos después de
resucitar de entre los muertos._
—JUAN 21:13–14

Tras su Resurrección, Jesucristo se apareció a sus discípulos numerosas veces. Su Resurrección no significó dejar a sus discípulos a su suerte. Cristo resucitado no abandonó a sus discípulos. Siguió compartiendo comidas con ellos, instruyéndolos, guiándolos, amándolos. . .

Cristo resucitado está hoy y siempre con nosotros, sus discípulos.

¡Aleluya! ¡Aleluya!

Hechos de los Apóstoles 4:1–12
Salmo 117
Juan 21:1–14

Jesús les dijo entonces: "Vayan por todo el mundo y prediquen el Evangelio a toda creatura".
—MARCOS 16:15

El mandato de Jesús resucitado fue claro, y lo sigue siendo.

Estamos llamados a predicar el Evangelio —a Cristo resucitado— allí donde nos encontremos: en nuestro hogar, comunidad, puesto de trabajo, ciudad y nación.

Cristo ha resucitado y el pecado y la muerte han sido derrotados de una vez para siempre. No podemos más que proclamar esa Buena Nueva a los cuatro vientos.

¡Aleluya! ¡Aleluya!

Hechos de los Apóstoles 4:13–21
Salmo 117
Marcos 16:9–15

Tomás le respondió: "¡Señor mío y Dios mío!".
—JUAN 20:28

Padre nuestro,
por tu inmenso amor,
nos enviaste a tu Hijo Jesucristo.
Ayúdame a ser siempre testigo de su Evangelio
y a no temer proclamarlo,
con mis palabras y obras,
como mi Señor y Dios.
Amén.

Hechos de los Apóstoles 4:32–35
Salmo 117
1 Juan 5:1–6
Juan 20:19–31

Los llenó a todos el Espíritu Santo y comenzaron a anunciar la palabra de
Dios con valentía.
—HECHOS DE LOS APÓSTOLES 4:31

La sociedad suele decirnos que la fe es algo privado, algo de lo que no debemos hablar con los demás; y sin embargo, esa misma fe es la que nos llama a proclamarla allí donde nos encontremos. Para ello contamos con la ayuda del Espíritu Santo, quien nos fortalece cuando sentimos miedo de anunciar a Cristo, cuando le tememos al ridículo —o incluso al rechazo— por proclamar el Evangelio.

¿Cómo proclamo con valentía mi fe en Cristo resucitado?

Hechos de los Apóstoles 4:23–31
Salmo 2
Juan 3:1–8

La multitud de los que habían creído tenía un solo corazón y una sola
alma; todo lo poseían en común y nadie consideraba suyo nada de lo
que tenía.
—HECHOS DE LOS APÓSTOLES 4:32

Somos miembros de la Iglesia, el Cuerpo de Cristo. Como cristianos, no vivimos nuestra fe a solas ni de manera egoísta. Cristo nos llama a compartirlo todo, tanto lo que tenemos, como lo que somos.

¿Cómo me doy a los demás? ¿Cómo comparto con mi comunidad?

Hechos de los Apóstoles 4:32–37
Salmo 92
Juan 3:7–15

"El que obra el bien conforme a la verdad se acerca a la luz, para que se vea que sus obras están hechas según Dios".
—JUAN 3:21

Por nuestras obras nos reconocerán.

¿De qué maneras soy luz de Cristo para los demás?

Hechos de los Apóstoles 5:17–26
Salmo 33
Juan 3:16–21

16 DE ABRIL

Aquel a quien Dios envió habla las palabras de Dios, porque Dios le ha concedido sin medida su Espíritu.
—JUAN 3:35

Dios,
fuente de todo bien,
te doy gracias por haber enviado tu Espíritu.
Ayúdame a acogerlo en mi corazón
de manera que sea yo instrumento tuyo
y proclame con mis palabras y obras
tu Palabra.
Amén.

Hechos de los Apóstoles 5:27–33
Salmo 33
Juan 3:31–36

Después de que todos se saciaron, dijo [Jesús] a sus discípulos: "Recojan los pedazos sobrantes, para que no se desperdicien". Los recogieron y con los pedazos que sobraron de los cinco panes llenaron doce canastos.
—JUAN 6:12–13

No hace falta tener mucho para causar un impacto en los que nos rodean. Cada uno de nosotros podemos dar de lo poco o lo mucho que tenemos para ayudar a nuestras comunidades y a los necesitados, allí donde se encuentren.

¿Quiénes son los necesitados de mi comunidad, de mi nación, del mundo? ¿Qué puedo dar para ayudarlos?

Hechos de los Apóstoles 5:34–42
Salmo 26
Juan 6:1–15

[Jesús] les dijo: "Soy yo, no tengan miedo".
—JUAN 6:20

El miedo es una reacción muy humana. Puede ser útil, pues nos ayuda a mantenernos alejados del peligro. Pero el miedo también puede paralizarnos e impedirnos hacer algo que deberíamos hacer. Este es el miedo al que se refiere Jesús; el miedo que no nos permite ser quienes Dios quiere que seamos.

¿A qué le temo en mi vida? ¿Qué temores me paralizan y me impiden actuar como debería hacerlo?

Hechos de los Apóstoles 6:1–7
Salmo 32
Juan 6:16–21

Domingo

19 DE ABRIL

• III DOMINGO DE PASCUA •

En aquel que cumple su palabra, el amor de Dios ha llegado a su plenitud,
y precisamente en esto conocemos que estamos unidos a él.
—1 JUAN 2:5

La Palabra de Dios es una historia de amor: la historia del amor de Dios hacia su Pueblo. Al escuchar y cumplir esa palabra, estamos viviendo esa historia de amor divino. Es el amor de Dios el que nos hace hijos e hijas suyos; es ese amor el que nos une y nos hace a todos hermanos y hermanas.

¿Cómo manifiesto mi amor por Dios en la vida diaria? ¿Cómo amo a los demás?

Hechos de los Apóstoles 3:13–15,17–19
Salmo 4
1 Juan 2:1–5
Lucas 24:35–48

20 DE ABRIL

Ellos le dijeron: "¿Qué necesitamos para llevar a cabo las obras de Dios?"
Respondió Jesús: "La obra de Dios consiste en que crean en aquel a quien
él ha enviado".
—JUAN 6:29

Creer y obrar son dos caras de una misma moneda. Creer en Cristo significa vivir como él nos ha enseñado. Creer en Cristo conlleva comportarnos como su Padre, nuestro Padre, quiere que lo hagamos. Creer en Cristo es amar, es perdonar, es ser misericordiosos y justos. . .

¿Son mis acciones reflejo de mi fe?

Hechos de los Apóstoles 6:8–15
Salmo 118
Juan 6:22–29

Jesús les contestó: "Yo soy el pan de la vida. El que viene a mí no tendrá hambre, y el que cree en mí nunca tendrá sed".
—JUAN 6:35

En Cristo encontramos el sustento que necesitamos. A él nos podemos dirigir cuando estamos necesitados del perdón, la paz, la esperanza, la fe. . . el amor. Él responderá a nuestras necesidades y nos saciará con todos sus dones.

¿De qué tengo hambre y sed en mi vida? ¿Lo comparto en oración con Cristo?

Hechos de los Apóstoles 7:51—8:1
Salmo 30
Juan 6:30–35

Los que se habían dispersado, al pasar de un lugar a otro, iban difundiendo el Evangelio.
—HECHOS DE LOS APÓSTOLES 8:4

Los discípulos no podían mantener en secreto la Buena Nueva de la Resurrección del Señor. Tal es la naturaleza del Evangelio: nos lleva a proclamarlo allí donde nos encontremos.

¿De qué maneras puedo compartir el Evangelio en mi hogar? ¿En mi puesto de trabajo? ¿En mi comunidad?

Hechos de los Apóstoles 8:1–8
Salmo 65
Juan 6:35–40

[Jesús dijo:] "Yo soy el pan vivo que ha bajado del cielo; el que coma de este pan vivirá para siempre, y el pan que yo les voy a dar es mi carne para que el mundo tenga vida".
—JUAN 6:50–51

Dios Padre,
te doy gracias por darme la oportunidad de
recibir
el Cuerpo y la Sangre de tu Hijo
en la Eucaristía.
Que al participar asiduamente de ese sacramento,
me deje convertir por él
y así transformar el mundo
según tu voluntad.
Amén.

Hechos de los Apóstoles 8:26–40
Salmo 65
Juan 6:44–51

[Jesús dijo:] "El que come mi carne y bebe mi sangre, permanece en mí y yo en él".
—JUAN 6:54

La Eucaristía es fuente y culmen de la vida cristiana. Estamos llamados a participar asiduamente en ella, de manera consciente, activa y plena, es decir, con todo nuestro ser. La Eucaristía nos ofrece un encuentro inigualable con Cristo, en el que él nos ofrece el don de sí mismo, su Cuerpo y su Sangre.

¿Comulgo cuando participo en la Eucaristía? ¿Cómo se hace presente Cristo en mi vida a lo largo de la semana que sigue?

Hechos de los Apóstoles 9:1–20
Salmo 116
Juan 6:52–59

En aquel tiempo se apareció Jesús a los Once y les dijo: "Vayan por todo el mundo y prediquen el Evangelio a toda criatura. El que crea y se bautice, se salvará".
—MARCOS 16:15

Cristo vino para salvarnos, y esa salvación es la que deseamos para todos los hombres y mujeres del mundo. Si predicamos y vivimos el Evangelio, lo hacemos no solo por nuestro bien, sino por el bien de toda la humanidad. Lo hacemos para que el Reino de Dios llegue a su plenitud y todos seamos salvados.

¿Cómo predico la paz, la justicia, el perdón y la misericordia? ¿Cómo hago presente a Cristo resucitado en mi vida?

1 Pedro 5:5–14
Salmo 88
Marcos 16:15–20

Domingo

26 DE ABRIL

• IV DOMINGO DE PASCUA •

Miren cuánto amor nos ha tenido el Padre, pues no solo nos llamamos
hijos de Dios, sino que lo somos.
—1 JUAN 3:1

No es una mera metáfora. No somos "como" hijos e hijas de Dios, sino que lo somos de verdad. Y eso quiere decir que Dios no es "como" un Padre, sino que Dios es nuestro Padre. Por lo tanto, es una relación basada en ese amor puro e incondicional que existe entre padres e hijos.

¿Qué significa para mí ser hijo de Dios? ¿Cómo siento el amor que Dios me tiene? ¿Cómo amo yo a mi Padre celestial?

Hechos de los Apóstoles 4:8–12
Salmo 117
1 Juan 3:1–2
Juan 10:11–18

[Jesús dijo:] "Ése es el pastor de las ovejas [. . .] Él llama a cada una por su nombre y las conduce fuera. Y cuando ha sacado a todas sus ovejas, camina delante de ellas, y ellas lo siguen, porque conocen su voz".
—JUAN 10:2–4

Siéntate cómodamente. Respira tres veces profundamente.

Imagina que caminas por una pradera. ¿A qué huele? ¿Qué sonidos escuchas? ¿Cómo se siente la hierba bajo tus pies? Entonces te das cuenta de que Jesús camina delante de ti. Lo hace despacio, dándote tiempo a seguirlo, sin que tengas que apresurarte ni cansarte. Sin darse la vuelta, Jesús dice algo. Ha pronunciado tu nombre. Te está llamando. ¿Cómo es el sonido de su voz? Aceleras el paso hasta llegar junto a él. Caminan lado a lado. Y conversan. ¿Qué te dice? ¿Qué le cuentas tú a él?

Hechos de los Apóstoles 11:1–18
Salmos 41 y 42
Juan 10:1–10

*[Jesús dijo:] "Las obras que hago en nombre de mi Padre dan
testimonio de mí".*
—JUAN 10:25

Dios Padre,
tú enviaste a tu Hijo, Jesucristo,
para hacer realidad tu Reino.
Concédenos seguir obrando
como nos lo enseñó Jesús,
dando testimonio de tu amor
y tu bondad.
Amén.

Hechos de los Apóstoles 11:19–26
Salmo 86
Juan 10:22–30

29 DE ABRIL

• SANTA CATALINA DE SIENA, VIRGEN Y DOCTORA DE LA IGLESIA •

Exclamó Jesús con fuerte voz: "El que cree en mí, no cree en mí, sino en aquel que me ha enviado; el que me ve a mí, ve a aquel que me ha enviado. Yo he venido al mundo como luz, para que todo el que crea en mí no siga en tinieblas".
—JUAN 12:44–46

En el mundo, en nuestros países, en nuestras comunidades, hay momentos de oscuridad. Y en nuestro propio corazón encontramos rincones de tinieblas. Fue para derrotar la oscuridad del pecado que Dios envió a su Hijo. Él es la luz que nos ilumina, que destierra el sufrimiento, la muerte y el pecado.

¿En qué áreas de mi vida hay tinieblas? ¿Invito a Jesús a que ilumine mi corazón con su luz? ¿Cómo puedo transmitir yo la Luz de Cristo al mundo?

Hechos de los Apóstoles 12:24—13:5
Salmo 66
Juan 12:44–50

[Jesús dijo:] "el que recibe al que yo envío, me recibe a mí; y el que me recibe a mí, recibe al que me ha enviado".
—JUAN 13:20

Ser apóstol significa ser enviado. Como cristianos, hemos sido enviados por Cristo a continuar su misión, a colaborar con él en la instauración del Reino de Dios. Somos embajadores de Cristo y, por tanto, de Dios Padre.

¿Qué significa para mí ser embajador de Cristo? ¿Pueden los demás reconocer que soy apóstol de Jesucristo?

Hechos de los Apóstoles 13:13–25
Salmo 88
Juan 13:16–20

Nosotros les damos la buena nueva de que la promesa hecha a nuestros padres nos la ha cumplido Dios a nosotros, los hijos, resucitando a Jesús.
—HECHOS DE LOS APÓSTOLES 13:32–33

San José era hombre de fe y confió plenamente en Dios. Consciente de la fidelidad de Dios a lo largo de la historia, José se entregó a la voluntad divina, colaborando así en el plan de Salvación de Dios.

Nosotros, como herederos de las promesas divinas y seguidores de Cristo resucitado, estamos llamados a responder con fe y fidelidad a la invitación que nos hace Dios de vivir según su voluntad.

¿Qué significa para mí tener fe?

Hechos de los Apóstoles 13:26–33
Salmo 2
Juan 14:1–6 o Mateo 13:54–58

[Jesús dijo:] "Yo haré cualquier cosa que me pidan en mi nombre".
—JUAN 14:14

Dios Padre,
tu Hijo Jesucristo
intercede por nosotros ante ti.
Escucha las oraciones y peticiones
de nuestro corazón
que te presentamos;
y ayúdanos a aceptar tu voluntad.
Amén.

Hechos de los Apóstoles 13:44–52
Salmo 97
Juan 14:7–14

Éste es su mandamiento: que creamos en la persona de Jesucristo, su Hijo,
y nos amemos los unos a los otros, conforme al precepto que nos dio.
—1 JUAN 3:23

Jesucristo es la máxima expresión del amor de Dios. Creer en Jesús es dejar que nos invada el amor, de manera que todas nuestras palabras, obras y pensamientos broten del amor y lleven al amor. Así sabrán los demás que somos discípulos de Jesús, porque los amamos.

¿Cómo demuestro mi amor hacia mis seres queridos? ¿Amo también a mis enemigos?

Hechos de los Apóstoles 9:26–31
Salmo 21
1 Juan 3:18–24
Juan 15:1–8

4 DE MAYO

[Jesús dijo:] "El Espíritu Santo que mi Padre les enviará en mi nombre, les enseñará todas las cosas y les recordará todo cuanto yo les he dicho".
—JUAN 14:26

No estamos solos. Jesús nos prometió que nos enviaría al Espíritu Santo para ayudarnos a vivir según la voluntad de Dios Padre. El Espíritu que recibimos con el Bautismo y que nos fortaleció mediante la Confirmación, nos guía y ayuda a lo largo de la vida, dándonos sus dones: sabiduría, entendimiento, consejo, fortaleza, ciencia, piedad y temor de Dios.

¿Cómo se hace presente el Espíritu Santo en mi vida?

Hechos de los Apóstoles 14:5–18
Salmo 113 B
Juan 14:21–26

5 DE MAYO

Jesús dijo a sus discípulos: "La paz les dejo, mi paz les doy. No se la doy como la da el mundo. No pierdan la paz ni se acobarden".
—JUAN 14:27

El Reino de Dios, que Jesús inauguró con su venida, es un reino de paz. La paz que Cristo nos ofrece es la que deseamos que habite en nuestro corazón, en nuestra sociedad y en nuestro mundo. Sabemos que cuando el Reino llegue a su plenitud, la paz será una realidad. Hasta que eso ocurra, estamos llamados a colaborar con Cristo en la defensa y promoción de la paz.

¿Existe la paz en mi corazón? ¿Qué me perturba?

¿Cómo puedo promover la paz y la justicia en mi comunidad, en mi país, en el mundo?

Hechos de los Apóstoles 14:19–28
Salmo 144
Juan 14:27–31

6 DE MAYO

[Jesús dijo:] "La gloria de mi Padre consiste en que den mucho fruto y se manifiesten así como discípulos míos".
—JUAN 15:8

Doce son los frutos del Espíritu Santo: caridad, alegría, paz, paciencia, afabilidad, bondad, benignidad, mansedumbre, fe, modestia, templanza y castidad.

¿Cómo manifiesto los frutos del Espíritu Santo en mi vida?

Hechos de los Apóstoles 15:1–6
Salmo 121
Juan 15:1–8

Jesús dijo a sus discípulos: "Como el Padre me ama, así los amo yo.
Permanezcan en mi amor".
—JUAN 15:9

Permanecer en el amor de Cristo significa aceptar su amor y amarlo a él. Si permitimos que él nos ame, nuestro corazón será transformado y nuestra vida será una vida de amor. Nuestras palabras, pensamientos y obras serán reflejo de ese amor divino que hemos acogido en nuestro interior.

¿Cómo sé que Jesús me ama?

¿Cómo comparto ese amor con los demás?

Hechos de los Apóstoles 15:7–21
Salmo 95
Juan 15:9–11

Jesús dijo a sus discípulos: "Este es mi mandamiento: que se amen los unos a los otros como yo los he amado".
—JUAN 15:12

El Mandamiento del Amor es la base de la vida cristiana; los Diez Mandamientos se resumen en él y las Bienaventuranzas son su reflejo. El amor —a Dios, al prójimo y a uno mismo— es nuestra guía a seguir, es la senda que nos lleva hasta Dios, quien es Amor.

¿Cómo demuestro mi amor hacia los demás?

¿Qué me impide amar a veces a los demás?

Hechos de los Apóstoles 15:22–31
Salmo 56
Juan 15:12–17

[Pablo y Timoteo] daban a conocer las decisiones tomadas por los apóstoles y los presbíteros de Jerusalén, para que las pusieran en práctica. De esta manera las comunidades cristianas se fortalecían en la fe y el número de creyentes aumentaba cada día más.
—HECHOS DE LOS APÓSTOLES 16:4–5

El Magisterio de la Iglesia —los obispos en comunión con el Papa— guían al Pueblo de Dios con sus enseñanzas, iluminadas por las Sagradas Escrituras y la Tradición. Como miembros de la Iglesia estamos llamados a profundizar en nuestra fe, a formarnos continuamente en ella. Podemos hacerlo a través de talleres parroquiales, grupos de estudio bíblico, cursos diocesanos y charlas de formación.

¿Cómo continúo aprendiendo acerca de mi fe?

Hechos de los Apóstoles 16:1–10
Salmo 99
Juan 15:18–21

El que no ama, no conoce a Dios, porque Dios es amor. El amor que Dios nos tiene se ha manifestado en que envió al mundo a su Hijo unigénito, para que vivamos por él.
—1 JUAN 4:8–9

Cierra los ojos y piensa en una ocasión en la que te sentiste querido y amado por alguien. ¿Cómo supiste que eras objeto del amor de alguien? ¿Te dijo algo esa persona? ¿Hizo algo por ti? Al darte cuenta, ¿cómo te sentiste? Describe ese sentimiento.

Así te ama Dios, pero infinitamente más.

¿Cómo siento el amor de Dios en mi vida? ¿Cómo le respondo?

Hechos de los Apóstoles
10:25–26,34–35,44–48
Salmo 97
1 Juan 4:7–10
Juan 15:9–17

11 DE MAYO

El Señor le tocó el corazón [a Lidia] para que aceptara el mensaje de Pablo.
—HECHOS DE LOS APÓSTOLES 16:14

Señor,
a ti, que me hablas
en lo más profundo de mi ser,
te ofrezco mi corazón
para que sea transformado
por Cristo,
tu Palabra hecha carne.
Amén.

Hechos de los Apóstoles 16:11–15
Salmo 149
Juan 15:26—16:4

[El carcelero] los invitó a su casa, les preparó la mesa y celebraron una fiesta familiar por haber creído en Dios.
—HECHOS DE LOS APÓSTOLES 16:34

El Evangelio trae luz y alegría a todo nuestro ser. Como proclamadores de la Buena Nueva de Cristo, celebramos nuestra fe alegremente con nuestra familia de fe en torno a la "doble mesa": la mesa de la Palabra y la mesa de la Eucaristía.

Con gozo y gratitud anunciamos a Cristo resucitado e invitamos a los demás a celebrar el banquete dominical que el Señor nos ha preparado.

¿Participo activa, consciente y plenamente en la Eucaristía dominical?

Hechos de los Apóstoles 16:22–34
Salmo 137
Juan 16:5–11

[Jesús les dijo:] "Cuando venga el Espíritu de verdad, él los irá guiando hasta la verdad plena".
—JUAN 16:13

El Espíritu Santo nos ayuda en nuestro caminar diario hacia Cristo. En los santos, y especialmente en la Virgen María, encontramos modelos de personas que se dejaron guiar por el Espíritu Santo. Mediante su intercesión, pedimos al Señor que nos embriague del Espíritu para poder así llegar hasta él.

¿Qué personas en mi vida han estado llenas del Espíritu Santo? ¿Quiénes han sido modelos de fe para mí?

Hechos de los Apóstoles 17:15,22—18:1
Salmo 148
Juan 16:12–15

[Jesús les dijo:] "No son ustedes los que me han elegido, soy yo quien los ha elegido y los ha destinado para que vayan y den fruto y su fruto permanezca".
—JUAN 15:16

Hoy conmemoramos a san Matías, uno de los apóstoles elegidos por Jesús. La palabra "apóstol" significa "enviado". Todos nosotros —en virtud de nuestro Bautismo—, también somos apóstoles, pues hemos sido elegidos y enviados a proclamar el Evangelio y continuar la misión que Cristo nos ha encomendado.

¿Qué significa para mí saber que Cristo me ha elegido personalmente para ser su apóstol? ¿Qué me pide Cristo que haga y diga?

Hechos de los Apóstoles 1:15–17, 20–26
Salmo 112
Juan 15:9–17

[Jesús les dijo:] "Así también ahora ustedes están tristes, pero yo los volveré a ver, se alegrará su corazón y nadie podrá quitarles su alegría".
—JUAN 16:22

Seguimos en tiempo de Pascua; tiempo de alegría y gozo. El mensaje del Evangelio es un mensaje alegre, y la alegría es una de las características esenciales del cristiano. Sin embargo, la vida continúa deparándonos momentos de tristeza, desesperanza y dolor. Ante tales situaciones nuestra fe en Cristo nos da fortaleza, consuelo, sanación y esperanza.

¿Cómo me ayuda Jesús cuando afronto momentos difíciles en mi vida? ¿Cómo ayudo a los demás cuando se encuentran tristes o cuando sufren?

Hechos de los Apóstoles 18:9–18
Salmo 46
Juan 16:20–23

16 DE MAYO

En aquellos días, después de haber estado en Antioquía algún tiempo, emprendió Pablo otro viaje y recorrió Galacia y Frigia, confirmando en la fe a los discípulos.
—HECHOS DE LOS APÓSTOLES 18:23

Pablo fue un viajero incansable. Desde el momento de su conversión y hasta su martirio, Pablo dedicó su vida a predicar el Evangelio de Cristo allí donde se encontrara: en ciudades y pueblos, en mercados y plazas, entre creyentes y paganos. . . Para Pablo no había nada más importante que anunciar a Cristo resucitado.

¿Qué lugar ocupa la fe en mi vida? ¿Cómo y dónde la comparto con los demás?

Hechos de los Apóstoles 18:23–28
Salmo 46
Juan 16:23–28

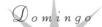
17 DE MAYO

• LA ASCENSIÓN DEL SEÑOR • VII DOMINGO DE PASCUA •

El Señor Jesús, después de hablarles, subió al cielo y está sentado a la derecha del Padre. Ellos fueron y proclamaron el Evangelio por todas partes, y el Señor actuaba con ellos y confirmaba su predicación con los milagros que hacía.
—MARCOS 16:19–20

Hoy celebramos la Ascensión, el momento en que Cristo resucitado regresó a Dios Padre. El que Cristo ascendiera a los cielos no significa que nos haya dejado solos. Tal y como nos prometió, él está siempre con nosotros para ayudarnos a llevar a cabo la misión que nos encomendó a nosotros, sus discípulos.

¿Cómo siento la presencia de Cristo en mi vida? ¿Cómo comparto y vivo las enseñanzas de Jesús?

Hechos de los Apóstoles 1:1–11
Salmo 46
Efesios 4:1–13 o 4:1–7,11–13
Marcos 16:15–20

Los discípulos fueron bautizados en el nombre del Señor Jesús, y cuando Pablo les impuso las manos, descendió el Espíritu Santo y comenzaron a hablar lenguas desconocidas y a profetizar.
—HECHOS DE LOS APÓSTOLES 19:5–6

Muy pocos han recibido el don de las lenguas, pero todos hemos recibido el don de la lengua de la fe, la que nos permite hablar y proclamar a Cristo. En nuestra sociedad, donde los valores suelen ser contrarios al Evangelio, Cristo es para muchos un desconocido (aunque hayan oído su nombre). Como discípulos suyos, estamos llamados a ser profetas de nuestro tiempo, anunciando el Evangelio, denunciando las injusticias y compartiendo nuestra fe.

¿Qué significa para mí ser profeta?

Hechos de los Apóstoles 19:1–8
Salmo 67
Juan 16:29–33

Jesús levantó los ojos al cielo y dijo: "[. . .] La vida eterna consiste en que te conozcan a ti, único Dios verdadero, y a Jesucristo, a quien tú has enviado".
—JUAN 17:1–3

Jesús se dirigía así en oración a su Padre, pidiendo por sus discípulos. Y esa es también su oración por nosotros, quienes hemos sido bautizados en su nombre. Cristo desea que lo conozcamos verdaderamente a él y a su Padre; un conocimiento al que solo podemos llegar si tenemos una relación íntima y personal con él, lo que a su vez requiere dedicación, entrega y conversión continuas.

¿Cómo describiría mi relación con Cristo? ¿Cómo la puedo fortalecer?

Hechos de los Apóstoles 20:17–27
Salmo 67
Juan 17:1–11

Pablo dijo: "[. . .] Ahora los encomiendo a Dios y a su palabra salvadora, la cual tiene fuerza para que todos los consagrados a Dios crezcan en el espíritu y alcancen la herencia prometida".
—HECHOS DE LOS APÓSTOLES 20:32

Dios usa muchos medios para revelarse ante nosotros y hablarnos de sí mismo. Algunos de esos medios son la naturaleza, la historia, los seres humanos, la conciencia, la Iglesia, la Tradición y las Sagradas Escrituras; y —de una manera especial, única e irrepetible— a través de Cristo, la Palabra de Dios hecha carne. Cristo es nuestro Salvador y la fuente de nuestra fuerza, consuelo, esperanza y vida.

¿Cómo se comunica Dios conmigo? ¿Cómo es su Palabra fuente de fortaleza para mí?

Hechos de los Apóstoles 20:28–38
Salmo 67
Juan 17:11b–19

Se le apareció el Señor a Pablo y le dijo: "Ten ánimo, Pablo; porque así como en Jerusalén has dado testimonio de mí, así también tendrás que darlo en Roma".
—HECHOS DE LOS APÓSTOLES 23:11

Pablo dedicó su vida a predicar el Evangelio, pero su mensaje no fue siempre bien recibido. A pesar de ser ignorado, apedreado y hasta encarcelado, Pablo nunca dejó de anunciar a Cristo, ni siquiera cuando por ello fuera llevado ante los tribunales en Jerusalén o cuando estuvo preso en Roma antes de ser ejecutado. En muchos países del mundo los cristianos siguen siendo perseguidos por su fe, algunos hasta la muerte.

¿Estoy dispuesto a predicar el Evangelio en mi vida? ¿Cómo lo puedo hacer en mi día a día?

Hechos de los Apóstoles 22:30; 23:6–11
Salmo 15
Juan 17:20–26

*Por tercera vez le preguntó [Jesús a Simón Pedro]: "Simón, hijo de Juan,
¿me quieres?"*
—JUAN 21:17

Imagina que tú estás allí, al lado de Simón Pedro. Después de hacerle la misma pregunta por tercera vez, Jesús se vuelve hacia ti. Te mira a los ojos y te pregunta: "Y tú, ¿me quieres?".

¿Cuál es mi respuesta?

¿Cómo demuestro que quiero a Jesús?

Hechos de los Apóstoles 25:13–21
Salmo 102
Juan 21:15–19

Muchas otras cosas hizo Jesús y creo que, si se relataran una por una, no cabrían en todo el mundo los libros que se escribieran.
—JUAN 21:25

Jesús siempre está a nuestro lado. Si fuera a escribir mi propia autobiografía espiritual, en la que plasmara los momentos en los que he sentido la presencia de Cristo en mi vida, ¿qué momentos clave escogería? ¿Serían momentos de alegría o tristeza? ¿De esperanza o de desconsuelo? ¿De paz o de temor?

Hechos de los Apóstoles 28:16–20,30–31
Salmo 10
Juan 21:20–25

Domingo

24 DE MAYO

• PENTECOSTÉS •

Todos los discípulos estaban reunidos en un mismo lugar. De repente se oyó un gran ruido que venía del cielo, como cuando sopla un viento fuerte, que resonó por toda la casa donde se encontraban. Entonces aparecieron lenguas de fuego, que se distribuyeron y se posaron sobre ellos; se llenaron todos del Espíritu Santo.
—HECHOS DE LOS APÓSTOLES 2:1–4

Ven Espíritu Santo,
llena los corazones de tus fieles
y enciende en ellos el fuego de tu amor.
Envía tu Espíritu y serán creadas
todas las cosas,
y renovarás la faz de la tierra.
Amén.

MISA VESPERTINA DE
LA VIGILIA:
Génesis 11:1–9 o Éxodo 19:3–8,16–20 o
Ezequiel 37:1–4 o Joel 3:1–5
Salmo 103
Romanos 8:22–27
Juan 7:37–39

MISA DEL DÍA:
Hechos de los Apóstoles 2:1–11
Salmo 103
1 Corintios 12:3–7,12–13 o Gálatas 5:16–25
Juan 20:19–23 o Juan 15:26–27; 16:12–15

Lunes

25 DE MAYO

A los que se arrepienten, el Señor los ayuda a volver,
y él reanima a los que pierden la esperanza.
—ECLESIÁSTICO [SIRÁCIDE] 17:20

Con la celebración de Pentecostés, el tiempo de Pascua ha concluido. Para los discípulos y para nosotros mismos, esto podría significar retornar a la vida de antes, a la rutina de siempre. Pero no es así. Fortalecidos por el Espíritu Santo, tenemos la ayuda necesaria para afrontar las dificultades, el desconsuelo y los momentos en los que caemos en tentación. El Señor nos llama a una vida de esperanza y conversión continua. Y sabemos que lo podemos lograr, pues el Señor no nos abandona.

¿Estoy dispuesto a dejar que el Señor me transforme una y otra vez?

Eclesiástico [Sirácide] 17:20–28
Salmo 31
Marcos 10:17–27

El que guarda los mandamientos
ofrece un sacrificio de acción de gracias,
el que hace favores al prójimo ofrenda el mejor trigo,
el que da limosna ofrece un sacrificio de alabanza.
—ECLESIÁSTICO [SIRÁCIDE] 35:1–2

La palabra Eucaristía significa "acción de gracias". Cada vez que celebramos la Santa Misa damos gracias a Dios por todo lo que ha hecho por nosotros *en* y *por* Cristo. Junto a su ofrenda y sacrificio sobre el altar, ofrecemos todo nuestro ser, todo lo que somos y todas nuestras obras de amor.

¿Alabo a Dios con mi forma de actuar hacia el prójimo y el necesitado? ¿Le doy gracias a Dios por todo lo que él hace por mí?

Eclesiástico [Sirácide] 35:1–15
Salmo 49
Marcos 10:28–31

[Jesús dijo:] "El que quiera ser grande entre ustedes que sea su servidor, y el que quiera ser el primero, que sea el esclavo de todos, así como el Hijo del hombre, que no ha venido a que lo sirvan, sino a servir y a dar su vida por la redención de todos".
—MARCOS 10:43–45

Señor,
tú entregaste tu vida por nosotros.
Te pido seguir tu ejemplo de servicio y entrega,
y buscar siempre el bien de los demás.
Haz que mis manos sean tus manos,
mi corazón tu corazón
y mis labios tus labios.
Amén.

Eclesiástico [Sirácide] 36:1–2,5–6,13–19
Salmo 78
Marcos 10:32–45

Dijo Jesús: "¿Qué quieres que haga por ti?" El ciego le contestó: "Maestro, que pueda ver". Jesús le dijo: "Vete; tu fe te ha salvado". Al momento recobró la vista y comenzó a seguirlo por el camino.
—MARCOS 10:51–52

Dios nos habla a través de los deseos más profundos de nuestro ser. En oración, le abro mi corazón a Dios, pidiéndole que me ayude a discernir cuáles de mis deseos provienen de él. ¿Cuáles son algunos de estos deseos?

Consciente de que Dios siempre responde a nuestras súplicas, le pido que se cumplan estos deseos para así poder vivir la vida que él quiere para mí, seguidor suyo.

Eclesiástico [Sirácide] 42:15–26
Salmo 32
Marcos 10:46–52

[Jesús dijo:] "Por eso les digo: Cualquier cosa que pidan en la oración, crean ustedes que ya se la han concedido, y la obtendrán. Y cuando se pongan a orar, perdonen lo que tengan contra otros, para que también el Padre, que está en el cielo, les perdone a ustedes sus ofensas, porque si ustedes no perdonan tampoco el Padre, que está en el cielo, les perdonará a ustedes sus ofensas".
—MARCOS 11:24–26

Al celebrar el sacramento de la Reconciliación, recibimos el perdón de Dios que brota de su incondicional amor paterno. La alegría y la libertad que experimentamos al ser perdonados nos transforman y dan vida. De igual forma, estamos llamados a perdonar y amar a los demás, a compartir con ellos lo que nosotros mismos hemos recibido de Dios.

¿A quién he ofendido yo? ¿Busco su perdón?

¿A quién he de perdonar yo?

Eclesiástico [Sirácide] 44:1,9–13
Salmo 149
Marcos 11:11–26

[Le preguntaron a Jesús:] "¿Con qué autoridad haces todo esto? ¿Quién te ha dado autoridad para actuar así?"
—MARCOS 11:28

Nosotros conocemos la respuesta a esa pregunta: la autoridad se la ha dado Dios Padre. La autoridad con la que obra Jesús, al brotar de Dios, no es sinónimo de dominación, sino del amor que lo conquista todo. Dios nunca nos fuerza, sino que respeta nuestra libertad; nunca nos denigra, sino que reconoce nuestra dignidad como seres humanos y criaturas suyas; nunca nos obliga a actuar de una manera específica, sino que nos ofrece un camino que nos lleva a él. La autoridad de Cristo viene del amor y nos lleva al amor.

¿Respeto a los demás? ¿Reconozco su dignidad? ¿Los guío hacia Dios?

Eclesiástico [Sirácide] 51:17–27
Salmo 18
Marcos 11:27–33

*[Jesús les dijo:] "Vayan, pues, y enseñen a todas las naciones,
bautizándolas en el nombre del Padre y del Hijo y del Espíritu Santo".*
—MATEO 28:19

Dios triuno,
al hacer la señal de la cruz
proclamo que eres tres Personas en un solo Dios.
Creo en ti, Dios Padre, creador de todas las cosas;
Creo en ti, Señor Jesucristo, Hijo de Dios y
        salvador nuestro;
Creo en ti, Espíritu Santo, Señor y dador de vida.
Te pido que todo lo que diga y haga
lo diga y haga
en el nombre del Padre y del Hijo y del
        Espíritu Santo.
Amén.

Deuteronomio 4:32–34,39–40
Salmo 32
Romanos 8:14–17
Mateo 28:16–20

[Jesús les dijo:] "'La piedra que desecharon los constructores es ahora la piedra angular. Esto es obra de la mano del Señor, es un milagro patente'".
—MARCOS 12:10–11

En nuestro mundo actual son muchos los que sufren la indiferencia y el rechazo de la sociedad: los pobres, los inmigrantes, los indocumentados, los ancianos, los discapacitados, los encarcelados, los adictos. . . y un sinfín de personas más. Al ignorarlos y rechazarlos, no tenemos en cuenta su dignidad como seres humanos. Al maltratarlos, olvidamos que Cristo nos invita a servir especialmente a estas personas, los marginados de nuestra sociedad. Cuando servimos a los más necesitados, encontramos en ellos a Cristo mismo.

¿Quiénes son los marginados de mi comunidad y cómo los trato? ¿Cómo se hace Cristo presente en los más necesitados?

Tobías 1:3; 2:1–8
Salmo 111
Marcos 12:1–12

Les respondió Jesús: "Den al César lo que es del César, y a Dios lo que es de Dios".
—MARCOS 12:17

Esta fue la respuesta de Jesús a una pregunta tendenciosa con la que pretendían engañarlo. De manera similar, la sociedad intenta engañarnos a nosotros, ofreciéndonos valores que atentan contra el mensaje del Evangelio. Se nos dice que los valores cristianos son algo privado y que estos no deben ejercer ningún tipo de influencia sobre las políticas sociales. Si bien es cierto que hay aspectos de la fe que son "de Dios" y aspectos de la vida civil que son "del César", también es cierto que estamos llamados a transformar el mundo mediante nuestra fe. Estamos llamados a proclamar el mensaje del Evangelio y promover leyes que reflejen los valores y enseñanzas evangélicos.

¿Reflejan las políticas sociales y leyes de mi ciudad, estado y país los valores del Evangelio?

Tobías 2:9–14
Salmo 111
Marcos 12:13–17

3 DE JUNIO

• SAN CARLOS LUANGA Y COMPAÑEROS, MÁRTIRES •

[Jesús les dijo:] "Dios no es Dios de muertos, sino de vivos".
—MARCOS 12:27

Dios,
tú eres la fuente de la vida, el Creador.
El que te busca, busca la vida;
el que rechaza el pecado, rechaza la muerte.
Ayúdame a discernir con sabiduría
y tomar siempre buenas decisiones.
Te lo pido por tu Hijo Jesucristo,
quien con su Resurrección derrotó a la muerte
y nos trajo la vida eterna.
Amén.

Tobías 3:1–11,16–17
Salmo 24
Marcos 12:18–27

4 DE JUNIO

*[Un escriba le preguntó:] "¿Cuál es el primero de todos los
mandamientos?" Jesús les respondió: "El primero es: 'Escucha, Israel: El
Señor, nuestro Dios, es el único Señor; amarás al Señor, tu Dios, con todo
tu corazón, con toda tu alma, con toda tu mente y con todas tus fuerzas'.
El segundo es éste: 'Amarás a tu prójimo como a ti mismo'".*
—MARCOS 12:28–31

Las palabras de Jesús, sencillas y claras, hablan por sí solas.

¿Amo a Dios? ¿Amo al prójimo? ¿Me amo a mí mismo?

Tobías 6:10–11; 7:1,9–17; 8:4–9
Salmo 127
Marcos 12:28–34

[Tobit exclamó:] "¡Bendito sea Dios y bendito sea su excelso nombre;
benditos sean todos sus ángeles para siempre!"
—TOBÍAS 11:14

Tobit había quedado ciego. Su hijo Tobías siguió las indicaciones de Rafael (un mensajero divino) y su padre recuperó la vista. Apenas se curó de la ceguera, Tobit exclamó palabras de alabanza y agradecimiento a Dios.

Cuando las cosas marchan bien en mi vida, ¿le doy gracias a Dios?

Cuando conquisto un obstáculo o una situación difícil, ¿alabo a Dios?

Tobías 11:5–17
Salmo 145
Marcos 12:35–37

[Rafael les dijo a Tobías y Tobit:] "Bendigan a Dios y glorifíquenlo delante de todos los vivientes por los beneficios que les ha hecho y canten himnos de alabanza a su nombre".
—TOBÍAS 12:6 (13:7)

Dice Tobías:
Miren lo que ha hecho por nosotros,
denle gracias de todo corazón
y bendigan al rey eterno con sus obras.

¿Soy una persona agradecida? ¿Reflejan mis palabras y acciones mi agradecimiento a Dios?

Tobías 12:1,5–15,20
Tobías 13
Marcos 12:38–44

———————

Jesús tomó un pan, pronunció la bendición, lo partió y se lo dio a sus discípulos, diciendo: "Tomen: esto es mi cuerpo". Y tomando en sus manos una copa de vino, pronunció la acción de gracias, se la dio, todos bebieron y les dijo: "Esta es mi sangre, sangre de la alianza, que se derrama por todos".
—MARCOS 14:22–24

Alma de Cristo, santifícame.
Cuerpo de Cristo, sálvame.
Sangre de Cristo, embriágame.
Agua del costado de Cristo, lávame.
Pasión de Cristo, confórtame.
¡Oh, buen Jesús!, óyeme.
Dentro de tus llagas, escóndeme.

No permitas que me aparte de Ti. Del maligno enemigo, defiéndeme. En la hora de mi muerte, llámame y mándame ir a Ti. Para que con tus santos te alabe por los siglos de los siglos. Amén.

Éxodo 24:3–8
Salmo 115
Hebreos 9:11–15
Marcos 14:12–16,22–26

8 DE JUNIO

Enseguida [Jesús] comenzó a enseñarles.
—MATEO 5:1 (−12)

Dichosos los pobres de Espíritu.

Dichosos los que lloran.

Dichosos los sufridos.

Dichosos los que tienen hambre y sed de justicia.

Dichosos los misericordiosos.

Dichosos los limpios de corazón.

Dichosos los que trabajan por la paz.

Dichosos los perseguidos por causa de la justicia.

Dichosos serán ustedes cuando los injurien, los persigan y digan cosas falsas de ustedes a causa mía.

2 Corintios 1:1–7
Salmo 33
Mateo 5:1–12

9 DE JUNIO

• SAN EFRÉN, DIÁCONO Y DOCTOR DE LA IGLESIA •

Jesús dijo a sus discípulos: "Ustedes son la sal de la tierra. [. . .] Ustedes son la luz del mundo. [. . .]
Que de igual manera brille la luz de ustedes ante los hombres, para que viendo las buenas obras que ustedes hacen, den gloria a su Padre, que está en los cielos".
—MATEO 5:13–16

Que allí donde el pecado, la injusticia y el sufrimiento hagan que la vida sea insípida y desabrida, oscura y tenebrosa, nosotros transformemos el mundo con el sabor del Evangelio y la luz de Cristo. ¡Seamos la sal y la luz de la tierra!

¿Cómo puedo ser sal de la tierra? ¿Cómo puedo ser reflejo de Cristo mediante mis obras?

2 Corintios 1:18–22
Salmo 118
Mateo 5:13–16

El Espíritu da vida.
—2 CORINTIOS 3:6

Oremos al Espíritu Santo, con estas palabras tomadas de la tradicional oración "Ven, Santo Espíritu":

> Ven, Espíritu divino,
> manda tu luz desde el cielo.
> Padre amoroso del pobre;
> don, en tus dones espléndido;
> luz que penetra las almas;
> fuente del mayor consuelo.
> Riega la tierra en sequía,
> sana el corazón enfermo,
> lava las manchas,
> infunde calor de vida en el hielo,
> doma el espíritu indómito,
> guía al que tuerce el sendero.
> Amén.

2 Corintios 3:4–11
Salmo 98
Mateo 5:17–19

[Jesús dijo a sus discípulos:] "Si cuando vas a poner tu ofrenda sobre el altar, te acuerdas allí mismo de que tu hermano tiene alguna queja contra ti, deja tu ofrenda junto al altar y ve primero a reconciliarte con tu hermano, y vuelve luego a presentar tu ofrenda".
—MATEO 5:23–24

El modo en que nos relacionamos con los demás afecta nuestra relación con Dios, y viceversa. No existen los pecados "privados" *per se*, ya que el pecar siempre repercute no solo en nuestro ser, sino en nuestra relación con Dios y los demás. Y de igual manera, si verdaderamente amamos a los demás, amamos a Dios; y si verdaderamente amamos a Dios, amamos a los demás.

¿Hay alguien en mi vida con quien deba reconciliarme? ¿Busco su perdón? ¿A quién debo yo perdonar?

Hechos de los Apóstoles 11:21–26; 13:1–3
Salmo 97
Mateo 5:20–26

[Dice el Señor:]
"Yo fui para ellos como un padre
que estrecha a su creatura".
—OSEAS 11:4

El Señor nos estrecha contra su corazón, fuente del amor incondicional y eterno de su Padre.

Corazón de Jesús, bondad y amor infinitos. Ruega por nosotros.

Corazón de Jesús, fortaleza de los que sufren. Ruega por nosotros.

Corazón de Jesús, digno de toda alabanza. Ruega por nosotros.

Corazón de Jesús, salvación de los que en ti esperan. Ruega por nosotros.

Corazón de Jesús, paciente y lleno de misericordia. Ruega por nosotros.

Corazón de Jesús, fuente de vida. Ruega por nosotros.

Oseas 11:1,3–4,8–9
Isaías 1
Efesios 3:8–12,14–19
Juan 19:31–37

13 DE JUNIO

• EL CORAZÓN INMACULADO DE MARÍA •

Su madre conservaba en su corazón todas aquellas cosas.
—LUCAS 2:51

Dios nuestro,
que formaste en el corazón de la Virgen María
una digna morada al Espíritu Santo,
te pedimos, por intercesión de nuestra madre
    celestial,
que abramos aún más nuestro corazón a ti
y a tu amor.
Por nuestro Señor Jesucristo.
Amén.

2 Corintios 5:14–21
Salmo 102
Lucas 2:41–51

Jesús dijo a la multitud: "El Reino de Dios se parece a lo que sucede cuando un hombre siembra la semilla en la tierra: que pasan las noches y los días, y sin que él sepa cómo, la semilla germina y crece; y la tierra, por sí sola, va produciendo el fruto".
—MARCOS 4:26–28

Aunque pareciera que las semillas y los campos dan fruto milagrosamente, sabemos que para que una semilla germine hace falta una tierra fértil y un buen sustento; y para que la tierra de fruto, hace falta que alguien la trabaje y la cuide.

¿Soy tierra fértil en la que puede crecer la semilla de la fe y así colaborar en el Reino de Dios? ¿Cómo alimento en mí la semilla de la fe? ¿Soy consciente de la presencia activa de Dios en mi vida, quien me ofrece sustento y cuidado?

Ezequiel 17:22–24
Salmo 91
2 Corintios 5:6–10
Marcos 4:26–34

15 DE JUNIO

[Jesús dijo a sus discípulos:] "Al que te pide, dale; y al que quiere que le prestes, no le vuelvas la espalda".
—MATEO 5:42

Dios de la justicia,
ayúdame a ser consciente de las necesidades de
    los demás
y a nunca darles la espalda.
Que allí donde vea una injusticia,
yo la denuncie;
que allí donde escuche un llanto de sufrimiento,
yo lo atienda;
que allí donde clamen los que no tienen voz,
yo sea sus labios.
Amén.

2 Corintios 6:1–10
Salmo 97
Mateo 5:38–42

16 DE JUNIO

[Jesús dijo a sus discípulos:] "Amen a sus enemigos, hagan el bien a los
que los odian y rueguen por los que los persiguen y calumnian, para que
sean hijos de su Padre celestial, que hace salir su sol sobre los buenos y los
malos, y manda su lluvia sobre los justos y los injustos".
—MATEO 5:45–46

Dios no se apresura a juzgar a los "malos" e "injustos", sino
que los cuida y se preocupa por ellos al igual que lo hace por
los "buenos". Él mantiene la esperanza de que estas personas
transformen sus vidas, conviertan sus corazones y vivan como
hijos suyos. Al igual que Dios los ama, cuida y desea su
conversión, así también nosotros estamos llamados a hacerlo.

Si tengo enemigos, ¿rezo por ellos? ¿Trato con amor y justicia
a los que me hacen daño?

2 Corintios 8:1–9
Salmo 145
Mateo 5:43–48

17 DE JUNIO

Jesús dijo a sus discípulos: "Tengan cuidado de no practicar sus obras de piedad delante de los hombres, para que los vean".
—MATEO 6:1

Nuestra buenas obras y palabras deben brotar del amor que recibimos de Dios. Ese amor es el que nos lleva a amar a los demás. El cristiano no vive su fe "delante de los hombres" para recibir adulación o reconocimiento público, sino que la vive porque creer en Jesucristo significa amar al prójimo sin condiciones ni límites.

Cuando ayudo a los demás, ¿qué motivos me llevan a hacerlo? ¿Qué siento al ayudar a los necesitados?

2 Corintios 9:6–11
Salmo 111
Mateo 6:1–6,16–18

18 DE JUNIO

[Jesús dijo a sus discípulos:] "Ustedes pues, oren así".
—MATEO 6:9

Padre nuestro, que estás en el cielo,
santificado sea tu nombre,
venga tu Reino,
hágase tu voluntad
en la tierra como en el cielo.
Danos hoy nuestro pan de cada día,
perdona nuestras ofensas,
como también nosotros perdonamos a los que
        nos ofenden;
no nos dejes caer en tentación
y líbranos del mal.

2 Corintios 11:1–11
Salmo 110
Mateo 6:7–15

*[Jesús dijo a sus discípulos:] "Donde está tu tesoro, ahí también está
tu corazón".*
—MATEO 6:20

Piensa en todo aquello que es importante en tu vida; en lo
que gastas tu tiempo y energía; en lo que deseas más que otras
cosas; en aquello hacia lo que enfocas tu vida; en eso de lo que
nunca estarías dispuesto a deshacerte. Estos son tus tesoros,
los que ocupan tu corazón.

¿Es mi relación con Dios uno de mis "tesoros"? ¿Son mis
tesoros compatibles con el Evangelio?

2 Corintios 11:18,21–30
Salmo 33
Mateo 6:19–23

*Jesús dijo a sus discípulos: "Nadie puede servir a dos amos, porque odiará
a uno y amará al otro, o bien obedecerá al primero y no hará caso al
segundo. En resumen, no pueden ustedes servir a Dios y al dinero".*
—MATEO 6:24

Jesús mencionó el dinero, pero bien habría podido mencionar
cualquier otra cosa o actitud a la que le damos mayor
relevancia e interés que a Dios: el consumismo, el egoísmo, el
hedonismo y tantos otros "ismos". Cuando nos dejamos llevar
y regir por estos "amos", relegamos a Dios a un segundo plano
y dañamos nuestra relación con él.

¿Cuáles son los "otros amos" a los que obedezco de vez en
cuando? ¿Cómo me alejan estos de Dios?

2 Corintios 12:1–10
Salmo 33
Mateo 6:24–34

El amor de Cristo nos apremia, al pensar que si uno murió por todos, todos murieron. Cristo murió por todos para que los que viven ya no vivan para sí mismos, sino para aquel que murió y resucitó por ellos.
—2 CORINTIOS 5:14–16

El verdadero amor, aquel que brota de Dios, es un amor desinteresado e incondicional, que colorea y le da sentido a la vida. Si creemos en Cristo —el Hijo de Dios que fue enviado por amor, que en vida amó, padeció y murió por amor, y que Dios resucitó por amor— entonces no tenemos otra opción que amar, que compartir el amor que recibimos constantemente de Dios.

¿Cómo sé que Dios me ama? ¿Cómo comparto ese amor con mis seres queridos? ¿Cómo lo comparto con el prójimo?

Job 38:1,8–11
Salmo 106
2 Corintios 5:14–17
Marcos 4:35–41

*[Jesús dijo a sus discípulos:] "¿Por qué miras la paja en el ojo de tu
hermano y no te das cuenta de la viga que tienes en el tuyo?".*
—MATEO 7:3

A veces no vemos la viga en nuestro propio ojo, no porque
no queramos, sino porque no somos conscientes de ella. Si
hacemos de la introspección un hábito podremos ver no solo
las vigas que nos impiden ver, y ser, como Dios quiere que
veamos y seamos, sino que también veremos cómo Dios está
presente en nuestra vida, cómo nos bendice en el día a día,
cómo nos llama a tener una relación cada vez más íntima con
él y cómo nos habla desde el corazón y a través de los demás.

¿Cuáles son las "vigas" que no me dejan ver con claridad?
¿Qué puedo hacer al respecto?

Génesis 12:1–9
Salmo 32
Mateo 7:1–5

[Jesús dijo a sus discípulos:] "Traten a los demás como quieren que ellos
los traten a ustedes. En esto se resumen la ley y los profetas".
—MATEO 7:12

Una enseñanza clara y sencilla, pero no muy fácil de seguir. A menudo esperamos que los demás nos traten con justicia, que nos perdonen, que reconozcan nuestra dignidad, que valoren nuestra vida, que compartan nuestros gozos y tristezas. . .

Pero. . . ¿trato a los demás cómo quiero que ellos me traten? ¿Los trato como Dios me trata a mí?

Génesis 13:2,5–18
Salmo 14
Mateo 7:6,12–14

El Señor me llamó desde el vientre de mi madre;
cuando aún estaba yo en el seno materno,
él pronunció mi nombre.
—ISAÍAS 49:1

Dios ha deseado que existamos. Él nos ha dado la vida porque así lo ha querido y nos ha creado a su imagen y semejanza. Nuestra vida es un don divino, no un accidente. Nuestra vida es fruto del amor divino, amor que estamos llamados a compartir con los demás. Nuestra vida forma parte del designio divino. Somos parte de ese plan que Dios tiene para el mundo y toda la Creación.

¿Qué significa para mí haber sido creado a imagen y semejanza de Dios? ¿Cómo puedo, con mi vida, ayudar a construir el Reino de Dios?

MISA VESPERTINA DE
LA VIGILIA:
Jeremías 1:4–10
Salmo 70
1 Pedro 1:8–12
Lucas 1:5–17

MISA DEL DÍA:
Isaías 49:1–6
Salmo 138
Hechos de los Apóstoles 13:22–26
Lucas 1:57–66,80

25 DE ✦ JUNIO

[Jesús dijo a sus discípulos:] "Vino la lluvia, bajaron las crecientes, se desataron los vientos y dieron contra aquella casa; pero no se cayó, porque estaba construida sobre roca".
—MATEO 7:25

Como personas de fe, tenemos nuestras raíces y cimientos en Cristo. La fe es nuestro soporte, nos fortalece y ayuda, especialmente en las situaciones difíciles que afrontamos en la vida. Cada día nos trae lluvias, crecientes y vientos. A veces surgen de nuestro interior, y otras veces de la sociedad en la que vivimos y las situaciones en las que nos encontramos.

¿Cuáles son las tormentas que surgen de mí mismo? ¿Cuáles surgen de la sociedad? ¿Cómo me ayudan Cristo y mi fe en él a resistir esos vientos y lluvias?

Génesis 16:1–12,15–16 o 16:6–12,15–16
Salmo 105
Mateo 7:21–29

De pronto se le acercó un leproso, se postró ante él y le dijo: "Señor, si quieres, puedes curarme". Jesús extendió la mano y lo tocó, diciéndole: "Sí quiero, queda curado".
—MATEO 8:2

Jesús siempre está dispuesto a ofrecernos su amor, perdón y misericordia incondicionales; él siempre nos tiende la mano, para tocarnos y sanarnos. Lo único que resta es que seamos nosotros los que deseemos esa sanación y nos dirijamos a él con fe y confianza.

¿En qué manera necesito la sanación de Dios? ¿Confío en que Jesús me puede sanar?

Génesis 17:1,9–10,15–22
Salmo 127
Mateo 8:1–4

Al entrar Jesús en Cafarnaúm, se le acercó un oficial romano y le dijo:
"Señor, tengo en mi casa un criado que está en cama, paralítico, y
sufre mucho".
—MATEO 8:5–6

Imagina lo que debieron pensar los demás cuando sucedió esto: un romano —miembro de las fuerzas opresoras y un gentil— se acercó a Jesús a pedirle algo, no para sí mismo, sino para su criado. A Jesús no le importaron las circunstancias. Había una persona que sufría y alguien le pedía ayuda. Y él respondió.

¿Soy consciente del sufrimiento de los demás, sean quienes sean? ¿Qué hago para ayudarlos y para sacar a la luz su sufrimiento?

Génesis 18:1–15
Lucas 1
Mateo 8:5–17

Dios creó al hombre para que nunca muriera,
porque lo hizo a imagen y semejanza de sí mismo;
más por envidia del diablo
entró la muerte en el mundo
y la experimentan quienes le pertenecen.
—SABIDURÍA 2:23–24

Dios, Padre y Creador mío,
te doy gracias por el don de la vida.
Te pido me ayudes a resistir siempre la tentación,
de manera que mi vida sea reflejo e imagen de tu
        amor
y lleve a los demás a alabarte y a buscar
a tu Hijo, Jesús, a quien resucitaste de entre los
        muertos
para que tengamos la vida eterna.
Amén.

Sabiduría 1:13–15; 2:23–24
Salmo 29
2 Corintios 8:7,9,13–15
Marcos 5:21–43

Lunes

29 DE JUNIO

• SAN PEDRO Y SAN PABLO, APÓSTOLES •

*[Jesús] les preguntó: "Y ustedes, ¿quién dicen que soy yo?" Simón Pedro
tomó la palabra y le dijo: "Tú eres el Mesías, el Hijo de Dios vivo".*
—MATEO 16:15–17

Hoy celebramos a san Pedro y san Pablo, los pilares de los
apóstoles y de la Iglesia. Bajo su liderazgo y ministerio, el
anuncio del Evangelio se extendió por el mundo. Cada uno
de ellos, a su manera, dedicó su vida a proclamar a Cristo, el
Mesías, el Hijo de Dios vivo.

Si alguien me preguntara "¿quién dices tú que es Jesús?", ¿qué
le respondería? ¿Quién es Jesús para mí?

MISA VESPERTINA DE
LA VIGILIA:
Hechos de los Apóstoles 3:1–10
Salmo 18
Gálatas 1:11–20
Juan 21:15–19

MISA DEL DÍA:
Hechos de los Apóstoles 12:1–11
Salmo 33
2 Timoteo 4:6–8,17–18
Mateo 16:13–19

Jesús subió a una barca junto con sus discípulos. De pronto se levantó en el mar una tempestad tan fuerte, que las olas cubrían la barca; pero él estaba dormido. Los discípulos lo despertaron, diciéndole: "Señor, ¡sálvanos, que perecemos!".
—MATEO 8:23–25

Al leer este pasaje podemos enfocarnos en el temor de los discípulos ante la tempestad o en que despertaron a Jesús de su siesta. Sin embargo, la esencia de este pasaje es el hecho de que los discípulos saben que Jesús es el único que los puede salvar. Despiertan a Jesús porque saben que él responderá a sus peticiones; le piden que los salve porque se encuentran en una situación desesperada; lo despiertan porque tienen fe en él.

¿En qué circunstancias pido ayuda a Jesús? ¿Confío plenamente en él?

Génesis 19:15–29
Salmo 25
Mateo 8:23–27

Los que cuidaban los cerdos huyeron hacia la ciudad a dar parte de todos
aquellos acontecimientos y de lo sucedido a los endemoniados. Entonces
salió toda la gente de la ciudad al encuentro de Jesús, y al verlo, le
suplicaron que se fuera de su territorio.
—MATEO 8:33–34

Con Jesús el Reino de Dios irrumpe en el mundo, tal y como
lo demuestran sus milagros y exorcismos. El demonio y sus
obras, el pecado en todas sus expresiones, se rinden ante él.
Entonces, ¿por qué la gente de aquella ciudad le pide a Jesús
que se marche? Quizá sea porque aceptar el Reino de Dios
significa tener que cambiar nuestra vida, tener que transformar
nuestro corazón, tener que entregarnos a Dios, tener que vivir
como él quiere que lo hagamos, tener que decir no al pecado
y sí al amor y al perdón. . . Y todo eso no siempre es fácil y
puede dar miedo.

¿Estoy dispuesto a rechazar el pecado y a decir "sí" a Dios? ¿A
transformar mi vida y a acoger a Cristo en mi corazón?

Génesis 21:5,8–20
Salmo 33
Mateo 8:28–34

Trajeron a donde él [Jesús] estaba a un paralítico postrado en una camilla. Viendo Jesús la fe de aquellos hombres, le dijo al paralítico: "Ten confianza, hijo. Se te perdonan tus pecados".
—MATEO 9:2

El pecado nos paraliza; nos impide vivir la vida que Dios desea para nosotros y para la que hemos sido creados. En vez de encaminarnos hacia la luz, la verdad y la vida, nos hace dirigirnos a trompicones hacia la oscuridad, la falsedad y la muerte.

Cristo nos llama a la conversión, a un cambio de vida radical donde no haya lugar para el pecado. Contamos con su ayuda y con el apoyo de la comunidad de creyentes para lograrlo. Juntos nos ayudamos mutuamente, guiándonos hacia Jesús.

¿Qué me paraliza en la vida? ¿Cómo ayudo a los demás a acercarse a Jesús?

Génesis 22:1–19
Salmo 114
Mateo 9:1–8

*Los otros discípulos le decían [a Tomás]: "Hemos visto al Señor". Pero él
les contestó: "Si no veo en sus manos la señal de los clavos y si no meto mi
dedo en los agujeros de los clavos y no meto mi mano en su costado,
no creeré".*
—JUAN 20:25

Cristo resucitado no se aparece en cuerpo glorioso ante
ninguno de nosotros; pero sí se nos hace presente cada día en
los demás. Lo hace especialmente en los más necesitados, en
quienes tienen heridas causadas —no por clavos y lanzas—
sino por el hambre, la opresión, las guerras, la violencia, el
abuso. . . la injusticia en todas sus formas.

¿En quién se hace Cristo presente en mi comunidad? ¿Y en el
mundo? ¿Qué hago yo al respecto?

Efesios 2:19–22
Salmo 116
Juan 20:24–29

[Jesús dijo:] "Nadie echa el vino nuevo en odres viejos, porque los odres se rasgan, se tira el vino y se echan a perder los odres. El vino nuevo se echa en odres nuevos y así las dos cosas se conservan".
—MATEO 9:17

Dios nuestro,
fuente de todo bien.
Te ofrezco mi corazón
para que lo transformes en odre nuevo
y rebose con tu Palabra de vida nueva,
esa Palabra que se hizo carne
y nos trajo la salvación.
Amén.

Génesis 27:1–5,15–29
Salmo 134
Mateo 9:14–17

Jesús les dijo: "Todos honran a un profeta, menos los de su tierra, sus parientes y los de su casa".
—MARCOS 6:4

A veces nos resulta más fácil compartir nuestra fe con desconocidos que con nuestros familiares y amigos. Quizá sea porque la opinión de esos desconocidos no nos importa tanto como la de nuestros allegados. Quizá sea porque nos da miedo que nuestros seres queridos nos tachen de "piadosos" o "religiosos", como si eso fuera algo malo. Quizá sea porque sabemos que ellos piensan de forma diferente y tememos su reacción. Pero como cristianos, estamos llamados a predicar el Evangelio allí donde estemos y con quien estemos, incluidos nuestros familiares y amigos. Debemos compartir la fe aun cuando nuestros temores se hagan realidad y el mensaje no sea bien recibido o seamos objeto de burlas y malas opiniones.

¿Cómo comparto mi fe con mis seres queridos?

Ezequiel 2:2–5
Salmo 122
2 Corintios 12:7–10
Marcos 6:1–6

[Jesús dijo:] "La niña no está muerta; está dormida".
—MATEO 9:24

La mayor consecuencia del pecado es la muerte, no solo de manera literal sino también figurativa. El pecado nos "mata" el corazón al alejarnos de Dios, que es la Vida. Pero gracias a Cristo, la muerte ya no es el final; con su Resurrección, Cristo la conquistó y derrotó para siempre.

Ya no somos esclavos del pecado y de la muerte. Cada vez que participamos en el sacramento de la Reconciliación se nos perdonan los pecados, "despertamos" para recibir la gracia de Dios y se nos invita a vivir una vida nueva.

¿Participo asiduamente en el sacramento de la Reconciliación?

Génesis 28:10–22
Salmo 90
Mateo 9:18–26

7 DE JULIO

[Jesús dijo a sus discípulos:] "La cosecha es mucha y los trabajadores, pocos. Rueguen, por tanto, al dueño de la mies que envíe trabajadores a sus campos".
—MATEO 9:38

Dios, Padre nuestro,
tú nos llamas a servirte
de muchas y diferentes maneras,
como laicos, religiosos y ministros ordenados;
en nuestras familias, puestos de trabajo,
comunidades eclesiales y sociedad.
Ayúdanos a continuar respondiendo a ese
llamado,
preparando los campos donde tu semilla germina,
de manera que tu Reino brote y llegue a su
plenitud.
Amén.

Génesis 32:23–33
Salmo 16
Mateo 9:32–38

8 DE JULIO

*Estos son los nombres de los doce apóstoles: el primero de todos, Simón,
llamado Pedro, y su hermano Andrés; Santiago y su hermano Juan, hijos
del Zebedeo; Felipe y Bartolomé; Tomás y Mateo, el publicano; Santiago,
hijo de Alfeo, y Tadeo; Simón, el cananeo, y Judas Iscariote, que fue
el traidor.*
—MATEO 10:2–4

Cada uno de los apóstoles era distinto. Cada uno tenía su propia personalidad, su historia personal, sus dudas, sus experiencias, sus retos, sus momentos débiles, sus dones, sus esperanzas. . . Jesús los llamó tal y como eran, sabiendo que los invitaba a un proceso de transformación personal, a una misión conjunta, a ser sus colaboradores, a participar en un plan divino. Ese llamado es el que también nosotros hemos recibido al ser bautizados. Nosotros también somos apóstoles de Cristo.

¿Qué significa para mí ser apóstol de Jesucristo?

Génesis 41:55–57; 42:5–7,17–24
Salmo 32
Mateo 10:1–7

Envió Jesús a los Doce con estas instrucciones: "Vayan y proclamen por el camino que ya se acerca el Reino de los cielos. Curen a los leprosos y demás enfermos; resuciten a los muertos y echen fuera a los demonios. Gratuitamente han recibido este poder; ejérzanlo, pues, gratuitamente".
—MATEO 10:7–8

Jesús recibió la gracia de Dios, y esa misma gracia también la recibimos nosotros en los sacramentos. El don de la gracia no es algo que nos podamos ganar, sino que Dios nos la otorga gratuitamente porque nos ama. La gracia es nuestra participación en la vida de Dios mismo, en su amor. Su gracia nos da la fortaleza para anunciar el Reino de Dios, nos ayuda a hacer frente al pecado y al demonio —causa de todo mal— y a denunciar las injusticias que vemos a nuestro alrededor. Su gracia nos ayuda a hacer presente a Cristo en nuestra vida y en nuestro mundo.

¿Qué puedo hacer para ayudar a sanar al mundo?

Génesis 44:18–21,23–29; 45:1–5
Salmo 104
Mateo 10:7–15

1o DE JULIO

Jesús dijo a sus apóstoles: "Yo los envío como ovejas entre lobos. Sean,
pues, precavidos como las serpientes y sencillos como las palomas".
—MATEO 10:16

Señor,
tú nos has enviado a proclamar el Evangelio.
Dame tu gracia para ser mensajero eficaz,
atento a los signos de los tiempos,
precavido y sencillo
como lo fue tu Hijo.
Amén.

Génesis 46:1–7,28–30
Salmo 36
Mateo 10:16–23

[Jesús dijo a sus apóstoles:] "A quien me reconozca delante de los hombres, yo también lo reconoceré ante mi Padre, que está en los cielos".
—MATEO 10:32

Decir que la fe es algo personal no significa que sea algo que haya que esconder de los demás o de la que no se deba hablar. Al contrario, la fe en Cristo es algo que se debe compartir y anunciar. No se trata de imponerla en los demás, pero sí es parte de nuestra responsabilidad como cristianos el proclamar el Evangelio de palabra y obra.

¿Me avergüenza decir que creo en Jesús? ¿Cómo comparto mi fe con los demás?

Génesis 49:29–32; 50:15–26
Salmo 104
Mateo 10:24–33

Respondió Amós:
"Yo no soy profeta ni hijo de profeta,
sino pastor y cultivador de higos.
El señor me sacó de junto al rebaño y me dijo:
'Ve y profetiza a mi pueblo, Israel'".
—AMÓS 7:14–15

Dios eligió a un simple pastor como su portavoz y profeta. A Dios no le importó el nivel de educación que tenía Amós, ni cómo era visto por su comunidad, ni su condición social, ni su poder económico. . . ¡Ni siquiera le importó su olor a oveja!

Si Dios eligió a este sencillo pastor para que anunciara su Palabra, ¿por qué a veces dudo tanto de que Dios me esté llamando también a mí?

Amós 7:12–15
Salmo 84
Efesios 1:3–14 o 1:3–10
Marcos 6:7–13

[Jesús dijo a sus apóstoles:] "Quien diere, aunque no sea más que un vaso de agua fría a uno de estos pequeños, por ser discípulo mío, yo les aseguro que no perderá su recompensa".
—MATEO 10:42

La justicia social es un aspecto esencial de la vida del cristiano. No podemos entender el Evangelio —ni predicarlo— si no lo vivimos. La justicia social es el Evangelio puesto en práctica. La doctrina social de la Iglesia es un gran tesoro que nos ofrece enseñanzas, consejos e instrucciones para promover la justicia. Es esa justicia la que caracteriza al Reino de Dios y a la que todos estamos llamados a fomentar tanto a nivel local como u iversal.

¿Cómo puedo familiarizarme con la doctrina social de la Iglesia? ¿Qué oportunidades existen en mi parroquia para promover la justicia?

Éxodo 1:8–14,22
Salmo 123
Mateo 10:34—11:1

El niño creció y ella se lo llevó entonces a la hija del faraón, que lo adoptó como hijo y lo llamó Moisés, que significa: "De las aguas lo he sacado".
—ÉXODO 2:10

De las aguas sacaron a Moisés siendo un niño de brazos. De las aguas del mar Rojo sacó Dios a su pueblo, liderado por Moisés, de la esclavitud en Egipto. De las aguas del río Jordán llevó Dios a su pueblo, guiado por Josué, a la Tierra Prometida. Y en las aguas de nuestro Bautismo Dios nos perdonó los pecados, nos ha hecho hijos suyos, miembros de la Iglesia y partícipes de la muerte y Resurrección de su Hijo.

¿Qué significa en mi vida el haber sido bautizado? ¿Cómo vivo mi Bautismo?

Éxodo 2:1–15
Salmo 68
Mateo 11:20–24

Jesús exclamó: [. . .] "Nadie conoce al Hijo sino el Padre, y nadie conoce al Padre sino el Hijo y aquel a quien el Hijo se lo quiera revelar".
—MATEO 11:27

Jesús es el reflejo del Padre. El amor de Jesús es el amor de Dios Padre; la misericordia de Jesús es la del Padre; el perdón de Jesús es el del Padre; la comprensión de Jesús es la del Padre. . .

¿Qué he aprendido acerca de Dios Padre gracias a mi relación con Jesús?

Éxodo 3:1–6,9–12
Salmo 102
Mateo 11:25–27

Jesús dijo: "Vengan a mí, todos los que están fatigados y agobiados por la carga, y yo los aliviaré. Tomen mi yugo sobre ustedes y aprendan de mí, que soy manso y humilde de corazón, y encontrarán descanso, porque mi yugo es suave y mi carga, ligera".
—MATEO 11:28–30

Jesús no nos dijo que nos iba a quitar la carga, sino que nos ayudaría a cargarla para que no resultara tan pesada. Tener fe en Jesucristo no significa no tener problemas ni ser inmunes a las dificultades que la vida nos trae. Tener fe en él significa que no estamos solos, que no tenemos que cargar con las dificultades de la vida solos; significa que en Jesús contamos con un maestro y ejemplo a seguir; significa que contamos con la gracia divina, la que nos ayuda a ver y vivir la vida con los ojos de la fe.

¿Cómo me ayuda mi fe a afrontar las dificultades de la vida?

Éxodo 3:13–20
Salmo 104
Mateo 11:28–30

[El Señor les dijo a Moisés y a Aarón:] "La sangre les servirá de señal en las casas donde habiten ustedes. Cuando yo vea la sangre, pasaré de largo y no habrá entre ustedes plaga exterminadora".
—ÉXODO 11:13

La sangre del cordero pascual salvó la vida de los primogénitos hebreos en tiempos de Moisés y de la esclavitud en Egipto. La sangre de Cristo, el unigénito de Dios, cual Cordero Pascual, nos ha salvado la vida, liberándonos de la esclavitud del pecado.

¿Sigo siendo esclavo del pecado? ¿Qué significa para mí el que Cristo nos haya salvado del pecado?

Éxodo 11:10—12:14
Salmo 115
Mateo 12:1–8

De la masa que habían sacado de Egipto cocieron piezas de pan ázimo, no fermentado; pues los egipcios, al arrojarlos del país, no les dieron tiempo de dejar fermentar la masa, ni de tomar provisiones para el camino.
—ÉXODO 12:39

No hubo tiempo. Dios los llamó y ellos respondieron de inmediato, aun cuando eso significó no tener el pan listo ni disponer de tiempo para prepararse para el viaje. Dios los llamó y ellos no le dieron excusas para retrasar la partida.

Cuando Dios me habla en el corazón o a través de otros, cuando me llama a hacer o decir algo, ¿cómo respondo? ¿Busco excusas o me pongo manos a la obra?

Éxodo 12:37–42
Salmo 135
Mateo 12:14–21

Domingo

19 DE JULIO

• XVI DOMINGO DEL TIEMPO ORDINARIO •

[Jesús] les dijo: "Vengan conmigo a un lugar solitario, para que descansen un poco".
—MARCOS 6:31

Rezar no es solo recitar oraciones o dirigir palabras a Dios. Rezar también es guardar silencio y escuchar a Dios hablarnos desde lo más profundo de nuestro corazón. Y rezar también es ponernos sencillamente en presencia de Dios y descansar en su regazo.

Busca un lugar tranquilo y sin distracciones. Siéntate cómodamente. Cierra los ojos. Respira profundamente. Siente la presencia de Dios. Y descansa en él.

Jeremías 23:1–6
Salmo 22
Efesios 2:13–18
Marcos 6:30–34

El Señor le dijo a Moisés: "¿Por qué sigues clamando a mí? Diles a los
israelitas que se pongan en marcha".
—ÉXODO 14:15

Cuando las cosas marchaban bien, los hebreos alababan a Dios y le daban gracias. Pero cuando marchaban mal, se quejaban y le echaban la culpa. ¿No hacemos nosotros lo mismo a veces? Se nos olvida que de Dios solo proviene aquello que es bueno y nada de lo que es malo. Dios no desea el sufrimiento humano; al revés, lo aborrece. Por eso envió a su Hijo, para que no suframos más.

¿Cómo es mi relación con Dios cuando surgen dificultades en mi vida? ¿Confío en Dios en los buenos y en los malos momentos?

Éxodo 14:5–18
Éxodo 15
Mateo 12:38–42

Los hijos de Israel caminaban por lo seco en medio del mar. Las aguas les hacían muralla a derecha e izquierda. [. . .] Aquel día salvó el Señor a Israel de las manos de Egipto.
—ÉXODO 14:22,30

Dios de la Historia,
con la Pasión, muerte y Resurrección de tu Hijo,
de lo que hemos sido partícipes a través de las
　　　aguas del Bautismo,
nos has salvado de la esclavitud al pecado y de la
　　　muerte.
Te pedimos nos ayudes a caminar siempre
por el camino seco que nos lleva
a la vida eterna en ti.
Amén.

Éxodo 14:21—15:1
Éxodo 15
Mateo 12:46–50

María Magdalena se fue a ver a los discípulos para decirles que había
visto al Señor y para darles su mensaje.
—JUAN 20:18

El primer testigo de la Resurrección de Cristo fue María Magdalena. ¡Quién lo hubiera pensado! Dadas la cultura y la sociedad de la época, resultaba insólito que fuera una mujer la que anunciara por primera vez la Resurrección a los discípulos.

Hoy en día también hay personas a las que menospreciamos, como si no existieran, las ignoramos y hasta las rechazamos.

¿A quiénes ignora hoy la sociedad? ¿Y yo? Si les prestara atención, ¿qué mensaje escucharía de ellos?

Éxodo 16:1–5,9–15
Salmo 77
Juan 20:1–2,11–18

23 DE JULIO

Bendito seas, Señor, Dios de nuestros padres.
Bendito sea tu nombre santo y glorioso.
—DANIEL 3:26

Como Daniel, nosotros también alabamos a Dios en nuestra liturgia y oración personal.

Que el *Sanctus* sea mi oración de alabanza a lo largo de este día:

> Santo, Santo, Santo es el Señor, Dios del universo.
> Llenos están el cielo y la tierra de tu gloria.
> Hosanna en el cielo.
> Bendito el que viene en nombre del Señor.
> Hosanna en el cielo.

Éxodo 19:1–2,9–11,16–20
Daniel 3
Mateo 13:10–17

[Jesús dijo a sus discípulos:] "Lo sembrado en tierra buena, representa a quienes oyen la palabra, la entienden y dan fruto; unos al ciento por uno; otros al sesenta; y otros, el treinta".
—MATEO 13:23

Cada uno de nosotros ha recibido de Dios diferentes dones y habilidades. Por lo tanto, la manera en que cada uno de nosotros respondemos a su Palabra es diferente. Lo que Dios desea de nosotros es que le escuchemos y respondamos según nuestra capacidad y circunstancias, que nos entreguemos completamente a él y permitamos que la Palabra eche raíces en nosotros. Cuanto más se enraíce la Palabra en nosotros, más va a crecer y más frutos va a dar. Este proceso, que nos llevará toda la vida, nos invita —entre muchas otras cosas— a formarnos continuamente en la fe.

¿Me doy completamente a la Palabra? ¿Cómo crezco en la fe?

Éxodo 20:1–17
Salmo 18
Mateo 13:18–23

Sufrimos toda clase de pruebas, pero no nos angustiamos. Nos abruman las preocupaciones, pero no nos desesperamos. Nos vemos perseguidos, pero no desamparados; derribados, pero no vencidos.
—2 CORINTIOS 4:8–9

El apóstol san Pablo, así como las primeras comunidades cristianas entre las que vivió, se enfrentaron a dificultades, preocupaciones, persecuciones e incluso derrotas; pero su fe los ayudó en todas esas situaciones. Sabían que Cristo estaba con ellos; veían su situación y el mundo a través de su fe en el Resucitado.

Las cosas no han cambiado mucho, ni para nosotros ni para nuestras comunidades. En Pablo y en las primeras comunidades encontramos un ejemplo a seguir, sabiendo que si Cristo los apoyó en todo momento, también nos apoya a nosotros.

¿Cómo me ayuda la fe en los momentos difíciles? ¿Siento a Cristo presente en esas situaciones?

2 Corintios 4:7–15
Salmo 125
Mateo 20:20–28

*Eliseo insistió: "Dáselos a la gente para que coman, porque esto dice el
Señor: 'Comerán todos y sobrará'".
El criado repartió los panes a la gente; todos comieron y todavía sobró,
como había dicho el Señor.*
—2 REYES 4:43–44

El milagro de Eliseo prefigura —es una antelación— al
milagro que realizará Jesús. Ambos apuntan al gran misterio
de nuestra fe, la Eucaristía, en la que Cristo nos ofrece su
propio cuerpo para saciarnos y darnos vida, vida en
abundancia.

¿Cómo transforma mi vida la Eucaristía?

2 Reyes 4:42–44
Salmo 144
Efesios 4:1–6
Juan 6:1–15

[Jesús dijo:] "El Reino de los cielos se parece a un poco de levadura que tomó una mujer y la mezcló con tres medidas de harina, y toda la masa acabó por fermentar".
—MATEO 13:33

Así de poderoso es el Reino de Dios: un poquito transforma mucho. Nosotros, como discípulos de Cristo, estamos llamados a colaborar con él para que el Reino de Dios llegue a su plenitud. Aunque nos parezca que nuestro aporte es insignificante o que los problemas de la sociedad son demasiado grandes como para poderlos resolver, el Evangelio de hoy nos recuerda que no es así. El Reino es misteriosamente poderoso. Cada uno de nosotros, viviendo nuestra fe, aportamos un poco de levadura al mundo, conscientes de que con ello estamos transformándolo según la voluntad de Dios.

¿Cómo contribuyo a crear un mundo mejor?

Éxodo 32:15–24,30–34
Salmo 105
Mateo 13:31–35

28 DE JULIO

[Moisés exclamó:] "¡El Señor todopoderoso es un Dios misericordioso y clemente, lento para enojarse y rico en amor y fidelidad; él mantiene su amor por mil generaciones y perdona la maldad, la rebeldía y el pecado!"
—ÉXODO 34:6–7

Dios misericordioso, te doy gracias.
Dios clemente, te doy gracias.
Dios del amor, te doy gracias.
Dios fiel, te doy gracias.
Dios del perdón, te doy gracias.
Amén.

Éxodo 33:7–11; 34:5–9,28
Salmo 102
Mateo 13:36–43

29 DE JULIO

• SANTA MARTA •

Jesús le dijo [a Marta]: "Yo soy la resurrección y la vida. El que cree en mí, aunque haya muerto, vivirá; y todo aquel que está vivo y cree en mí, no morirá para siempre. ¿Crees tú esto?"
—JUAN 11:25–26

¿Qué le contesto yo a Jesús?

Éxodo 34:29–35
Salmo 98
Juan 11:19–27 o Lucas 10:38–42

Durante el día la nube del Señor se posaba sobre el santuario y durante la noche había un fuego que podían ver todos los israelitas desde sus tiendas.
—ÉXODO 40:38

Ni de día ni de noche Dios abandonaba a su pueblo durante su peregrinaje por el desierto. No los abandonaba cuando caminaban, ni los abandonaba cuando acampaban. Dios, siempre fiel a su pueblo, los acompañaba siempre y dejaba notar su presencia. Y así lo ha seguido haciendo, de diferentes maneras, a lo largo de los siglos. Dios está con nosotros. Siempre.

¿Soy consciente de la presencia de Dios en mi vida? ¿Cómo noto su presencia?

Éxodo 40:16–21,34–38
Salmo 83
Mateo 13:47–53

Jesús les dijo: "Un profeta no es despreciado más que en su patria y en su casa". Y no hizo muchos milagros allí por la incredulidad de ellos.
—MATEO 13:58

Todos los dones que Dios nos ofrece —su amor, su misericordia, su sanación, su perdón, su consuelo, su alegría, su gracia. . .— nos los ofrece gratuitamente. Depende de nosotros el querer aceptarlos en nuestra vida. A veces nos creemos indignos de esos dones y por eso ni los pedimos. Otras veces no lo hacemos porque no creemos que Dios nos los ofrece libremente. O tal vez sabemos que, al aceptarlos, seremos transformados y le tenemos miedo al cambio; o sabemos que aceptarlos conlleva tener que actuar de una manera diferente.

¿Qué dones y bendiciones de Dios necesito en mi vida? ¿Estoy dispuesto a pedirlos y a aceptarlos?

Levítico 23:1,4–11,15–16,27,34–37
Salmo 80
Mateo 13:54–58

[El Señor habló a Moisés y dijo:] "Declararán santo el año cincuenta y proclamarán la liberación para todos los habitantes del país. Será para ustedes un año de jubileo; cada uno de ustedes recobrará sus propiedades y volverá a su familia".
—LEVÍTICO 25:10

Los años de jubileo que celebraban los hebreos no eran solo una celebración de la bondad de Dios, sino que tenían un marcado carácter social. La celebración se expresaba, en parte, corrigiendo las injusticias que existían en la comunidad, ya fuera perdonando las deudas, liberando a los esclavos o devolviendo propiedades a sus dueños. De alguna manera, el Año Jubilar era una ocasión para reestablecer el orden que Dios había establecido y que los seres humanos habían trastocado a lo largo de los años.

¿Qué aspectos de mi vida están "desordenados" y necesitan ser atendidos? ¿Qué injusticias y desequilibrios que existen en la sociedad deben ser corregidos?

Levítico 25:1,8–17
Salmo 66
Mateo 14:1–12

Dejen que el Espíritu renueve su mente y revístanse del nuevo yo, creado a imagen de Dios, en la justicia y en la santidad de la verdad.
—EFESIOS 4:23–24

Oh Dios,
que llenaste los corazones de tus
fieles con la luz del Espíritu
Santo; concédenos que,
guiados por el mismo Espíritu,
sintamos con rectitud y
gocemos siempre de tu consuelo.
Por Jesucristo Nuestro Señor.
Amén.

Éxodo 16:2–4,12–15
Salmo 77
Efesios 4:17,20–24
Juan 6:24–35

*Los israelitas se quejaban diciendo: "¡Quién nos diera carne para comer!
¡Cómo nos acordamos del pescado, que comíamos gratis en Egipto, y de los
pepinos y melones, de los puerros, cebollas y ajos! Pero de tanto ver el
maná, ya ni ganas tenemos de comer".*
—NÚMEROS 11:4–5

Al principio los israelitas se quejan ante Dios porque los había
llevado al desierto y estaban pasando hambre. Dios escucha
sus quejas y les envía maná del cielo para alimentarlos. Y
entonces, cansados de comer solo maná, se quejan de nuevo
a Dios porque no tienen más variedad de alimentos. Se han
olvidado que el maná es un don de Dios, el don que los había
estado sustentando.

¿Soy consciente de los dones que Dios me da? ¿Los aprecio?

Números 11:4–15
Salmo 80
Mateo 14:13–21

4 DE AGOSTO

• SAN JUAN BAUTISTA MARÍA VIANNEY, PRESBÍTERO •

Inmediatamente después de la multiplicación de los panes, Jesús hizo que sus discípulos subieran a la barca y se dirigieran a la otra orilla, mientras él despedía a la gente. Después de despedirla, subió al monte a solas para orar. Llegada la noche, estaba él solo allí.

—MATEO 14:22–23

Jesús necesitaba tiempo para sí mismo, para descansar, para reflexionar, para hablar en oración con su Padre. Lo hizo en más de una ocasión.

En este mundo tan ajetreado y con tantas responsabilidades y ocupaciones, encontramos en este episodio del ministerio de Jesús un ejemplo a seguir: dedicar habitualmente algo de tiempo a estar a solas para reflexionar, para hablar con Dios en oración, para escucharlo en nuestro corazón y en el silencio, para leer su Palabra y para meditar sobre su presencia en nuestra vida.

¿Con qué regularidad dedico algo de mi tiempo a rezar en privado, a reflexionar, a escuchar a Dios?

Números 12:1–13
Salmo 50
Mateo 14:22–36 o 15:1–2,10–14

Miércoles

5 DE AGOSTO

• DEDICACIÓN DE LA BASÍLICA DE SANTA MARÍA LA MAYOR •

"Fuimos al país a donde nos enviaste y de veras mana leche y miel, como puedes ver por estos frutos. Pero el pueblo que habita en el país es poderoso; las ciudades están fortificadas y son muy grandes y hasta hemos visto ahí gigantes".
—NÚMEROS 13:27–28

Los espías que Moisés había enviado a Canán regresaron con buenas noticias: la tierra a la que se dirigían era tal y como Dios les había prometido. Aunque también regresaron con miedo: los habitantes de esa tierra eran muy fuertes. Ese miedo no fue suficiente para detener a Moisés y su pueblo; no lo fue porque sabían que Dios les había prometido esa tierra y que de alguna manera Dios se la daría, pues Dios siempre cumple sus promesas. La fe de los israelitas pudo más que el miedo y las dudas.

¿Confío plenamente en Dios? ¿Qué miedos me impiden a veces vivir como Dios quiere que viva?

Números 13:1–2,25—14:1,26–29,34–35
Salmo 105
Mateo 15:21–28

Jesús tomó aparte a Pedro, a Santiago y a Juan, subió con ellos a un monte alto y se transfiguró en su presencia. Sus vestiduras se pusieron esplendorosamente blancas, con una blancura que nadie puede lograr sobre la tierra. Después se les aparecieron Elías y Moisés, conversando con Jesús.
—MARCOS 9:2–4

Elías, representante de los profetas; Moisés, de la ley. Y entre ellos, esplendorosamente, Jesús transfigurado. De esta forma el evangelista ilustra cómo en Jesucristo se cumplen las profecías y promesas que Dios había anunciado por boca de los profetas, y cómo en él la antigua ley llega a su plenitud y es renovada.

¿Cómo habría reaccionado yo si hubiera sido testigo de este acontecimiento? ¿Qué les habría dicho a Elías y a Moisés? ¿Qué le habría dicho a Jesús?

Daniel 7:9–10,13–14
Salmo 96
2 Pedro 1:16–19
Marcos 9:2–10

[El Señor dijo:] "Reconoce, pues, y graba en tu corazón que el Señor es el Dios del cielo y de la tierra y que no hay otro. Cumple sus leyes y mandamientos, que yo te prescribo hoy, para que seas feliz tú y tu descendencia, y para que vivas muchos años en la tierra que el Señor, tu Dios, te da para siempre".
—DEUTERONOMIO 4:40

Los mandamientos y las leyes divinas no son una lista de lo que no debemos hacer ni instrucciones que limitan nuestra libertad. Son recomendaciones para que seamos felices, para que gocemos de las promesas de Dios, para que vivamos nuestra humanidad en su plenitud, como Dios quiso desde un principio que lo hiciéramos.

¿Atesoro las enseñanzas de Dios en mi corazón? ¿Cómo me ayudan los mandamientos a ser feliz?

Deuteronomio 4:32–40
Salmo 76
Mateo 16:24–28

[Moisés dijo al pueblo:] "Graba en tu corazón los mandamientos que hoy te he transmitido. Repíteselos a tus hijos y háblales de ellos cuando estés en tu casa o cuando vayas de camino; cuando te acuestes y cuando te levantes; átalos a tu mano como una señal y póntelos en la frente para recordarlos; escríbelos en los dinteles y en las puertas de tu casa".
—DEUTERONOMIO 6:6–9

Para esta generación y para la siguiente; por la mañana y por la noche; en el corazón y en nuestro hogar. . . Las enseñanzas de Dios son eternas e iluminan todos los aspectos de nuestra vida.

¿Vivo según los mandamientos de Dios? ¿Qué guía mis decisiones, acciones y palabras?

Deuteronomio 6:4–13
Salmo 17
Mateo 17:14–20

[Jesús respondió:] "Yo soy el pan vivo que ha bajado del cielo; el que coma de este pan vivirá para siempre. Y el pan que yo les voy a dar es mi carne para que el mundo tenga vida".
—JUAN 6:51

En la Eucaristía recibimos el Cuerpo y la Sangre de Cristo.

Santo Tomás de Aquino lo expresó así en su himno titulado *Pange Lingua*:

En la noche de la Última Cena, / Sentado a la mesa con sus hermanos, / Después de observar plenamente / La ley sobre la comida legal, / se da con sus propias manos / Como alimento para los doce.

El Verbo encarnado, pan verdadero, / lo convierte con su palabra en su carne, / y el vino puro se convierte en la sangre de Cristo. / Y aunque fallan los sentidos, / Solo la fe es suficiente / para fortalecer el corazón en la verdad.

1 Reyes 19:4–8
Salmo 33
Efesios 4:30—5:2
Juan 6:41–51

*Cada cual dé lo que su corazón le diga y no de mala gana ni por
compromisos, pues "Dios ama al que da con alegría".*
—2 CORINTIOS 9:7

El corazón del cristiano es un corazón generoso y alegre,
que se abre a los demás porque ama desinteresadamente. Ama
porque ha sido amado primero por Dios, incondicional y
libremente. Por ello el amor cristiano, como dice san Pablo,
es paciente y servicial, no es envidioso ni orgulloso, no busca
su propio interés, no se enfada sino perdona, no se alegra de
la injusticia sino que se alegra siempre de la verdad.

¿Cómo describiría mi amor hacia Dios? ¿Hacia mis seres
queridos? ¿Hacia mis enemigos? ¿Hacia los desconocidos?

2 Corintios 9:6–10
Salmo 111
Juan 12:24–26

[Moisés dirigió estas palabras a todo el pueblo de Israel:] "Sean fuertes y
valientes, no teman, no se acobarden ante ellos, porque el Señor, su Dios,
avanza con ustedes. El no los dejará ni abandonará".
—DEUTERONOMIO 31:3–4

Aun cuando nos sentimos solos y abandonados, cuando nos parece que cargamos con todo el peso del mundo, cuando nos vemos perdidos y no encontramos el camino. . . aun en esos momentos difíciles y dolorosos, allí está Dios junto a nosotros. Lo ha estado y lo estará siempre. Dios jamás nos dejará ni nos abandonará.

¿Cuándo me he sentido solo, perdido o temeroso? ¿Cómo sentí la presencia de Dios en esos momentos?

Deuteronomio 31:1–8
Deuteronomio 32
Mateo 18:1–5,10,12–14

*"Yo les aseguro que todo lo que aten en la tierra, quedará atado en el cielo,
y todo lo que desaten en la tierra, quedará desatado en el cielo".*
—MATEO 18:18

Consciente de mis pecados, expreso mi arrepentimiento:

Dios mío,
me arrepiento de todo corazón
de todos mis pecados
y los aborrezco,
porque al pecar, no solo merezco
las penas establecidas por ti justamente,
sino principalmente porque te ofendí,
a ti sumo Bien y digno de amor
por encima de todas las cosas.
Por eso propongo firmemente,
con ayuda de tu gracia,
no pecar más en adelante
y huir de toda ocasión de pecado. Amén.

Deuteronomio 34:1–12
Salmo 65
Mateo 18:15–20

Pedro se acercó a Jesús y le preguntó: "Si mi hermano me ofende, ¿cuántas veces tengo que perdonarlo? ¿Hasta siete veces?" Jesús le contestó: "No solo hasta siete veces, sino hasta setenta veces siete".
—MATEO 18:21–22

Estamos llamados a perdonar de la misma manera que Dios nos perdona a nosotros.

¿Busco y acepto el perdón de Dios?

¿Me perdono a mí mismo?

¿Perdono a los demás?

¿Busco y acepto el perdón de los demás?

Josué 3:7–10,11,13–17
Salmo 113
Mateo 18:21—19:1

14 DE AGOSTO

• SAN MAXIMILIANO MARÍA KOLBE, PRESBÍTERO Y MÁRTIR •

[Esto dijo el Señor:] "Les he dado una tierra que no han cultivado; unas ciudades que no han construido y en las que, sin embargo, habitan; les he dado viñedos y olivares que no habían plantado y de los que ahora se alimentan".
—JOSUÉ 24:13

Dios, nuestro Padre, solo desea lo mejor para nosotros. Nada de lo que recibimos de Dios lo hemos ganado nosotros mismos. Todo eso son dones que Dios, en su bondad y en su amor, nos ofrece incondicional y desinteresadamente.

Estamos llamados a cultivar estos dones y bendiciones en nuestra vida, a compartirlos con nuestros hermanos y hermanas y a ponerlos al servicio del Reino de Dios.

¿Qué dones he recibido de Dios? ¿Qué uso hago de ellos? ¿Cómo los comparto?

Josué 24:1–13
Salmo 135
Mateo 19:3–12

15 DE AGOSTO

• ASUNCIÓN DE LA SANTÍSIMA VIRGEN MARÍA •

Se abrió el templo de Dios en el cielo y dentro de él se vio el arca de la alianza. Apareció entonces en el cielo una figura prodigiosa: una mujer envuelta por el sol, con la luna bajo sus pies y con una corona de doce estrellas en la cabeza.
—APOCALIPSIS 12:1

Hagamos nuestra la tradicional oración mariana *Bajo tu protección*:

> Bajo tu amparo nos acogemos,
> Santa Madre de Dios;
> no deseches las súplicas
> que te dirigimos
> en nuestras necesidades;
> antes bien, líbranos siempre
> de todo peligro,
> ¡Oh Virgen gloriosa y bendita!

MISA VESPERTINA DE
LA VIGILIA:
1 Crónicas 15:3–4,15–16; 16:1–2
Salmo 131
1 Corintios 15:54–57
Lucas 11:27–28

MISA DEL DÍA:
Apocalipsis 11:19; 12:1–6,10
Salmo 44
1 Corintios 15:20–27
Lucas 1:39–56

[Jesús les dijo:] "El que come mi carne y bebe mi sangre, tiene vida eterna
y yo lo resucitaré el último día".
—JUAN 6:54

La Eucaristía es fuente y culmen de la vida Cristiana. En torno a la doble mesa de la Palabra y del sacrificio de Cristo recibimos la gracia y el sustento que necesitamos para vivir según el Evangelio y alcanzar la vida eterna.

En oración, rogamos:

> Alma de Cristo, santifícame.
> Cuerpo de Cristo, sálvame.
> Sangre de Cristo, embriágame.
> Agua del costado de Cristo, lávame.
> Pasión de Cristo, confórtame.
> ¡Oh, buen Jesús!, óyeme.

Proverbios 9:1–6
Salmo 33
Efesios 5:15–20
Juan 6:51–58

Jesús le dijo: "Si quieres ser perfecto, ve a vender todo lo que tienes, dales el dinero a los pobres, y tendrás un tesoro en el cielo; luego ven y sígueme".
—MATEO 19:21

El joven del Evangelio, aunque cumplía los mandamientos, estaba apegado a sus posesiones. Esos bienes eran más importantes para él que seguir a Jesús y colaborar en lo que este le pidiera. Pero ser discípulo de Jesús no significa no poseer absolutamente nada, sino entregarse completamente a él.

¿Cuáles son mis prioridades en la vida? ¿Hay cosas en mi vida que valoro más que a Jesús? ¿Qué me impide entregarme totalmente a él?

Jueces 2:11–19
Salmo 105
Mateo 19:16–22

Le contestó Gedeón [al ángel del Señor]: "Perdón, señor mío. Si el Señor
está con nosotros, ¿por qué han caído sobre nosotros tantas desgracias?
¿Dónde están todos aquellos prodigios de los que nos hablaban
nuestros padres?"
—JUECES 6:13

Todos nos hacemos las siguientes preguntas alguna vez en la vida. ¿Por qué nos suceden cosas malas si somos buenas personas? Si Dios está siempre de nuestro lado y nos ama incondicionalmente, ¿por qué permite las tragedias? No hay respuesta a estas preguntas, pues nadie puede comprender completamente los designios de Dios. Estas situaciones nos llaman a tener fe en él y a entregarnos a sus brazos, confiando en su sabiduría y amor; nos llaman a reconocer que Dios es Dios, un misterio divino.

¿Qué significa decir que Dios es un misterio?

Jueces 6:11–24
Salmo 84
Mateo 19:23–30

"¿O vas a tenerme rencor porque yo soy bueno?".
—MATEO 20:15

En lugar de celebrar los dones que Dios ha otorgado a los demás, en lugar de verlos como bendiciones que enriquecen a toda la comunidad, a veces nos preguntamos por qué los han recibido, por qué ellos y yo no. ¡Qué fácil nos resulta tener envidia de las bendiciones que han recibido los demás! La envidia y demás pecados nos pueden cegar e impedirnos reconocer los dones que nosotros mismos hemos recibido. El pecado nos encierra en nosotros mismos, oscurece nuestra vida y conciencia, y no nos deja ver y actuar en pos del bien. Por otro lado, la fe, la esperanza, la caridad, la prudencia, la justicia, la fortaleza y la templanza nos abren a los demás, iluminan nuestro ser y nos guían hacia Dios, fuente de todo bien.

¿Qué pecados oscurecen mi vida? ¿Qué virtudes iluminan mi vida?

Jueces 9:6–15
Salmo 20
Mateo 20:1–16

[El rey les dijo a sus criados:] "Salgan, pues, a los cruces de los caminos y conviden al banquete de bodas a todos los que encuentren". Los criados salieron a los caminos y reunieron a todos los que encontraron, malos y buenos, y la sala del banquete se llenó de convidados.
—MATEO 22:9–10

Todos estamos llamados al banquete celestial, malos y buenos. Dios tiene la esperanza de que quienes necesitan de la conversión transformen su corazón y sean dignos de compartir en torno a la mesa y recibir la salvación. Dios nunca nos cierra la puerta ni niega la invitación. Él siempre nos da la oportunidad de arrepentirnos y cambiar nuestra vida; una oportunidad que nos ofrece constantemente y hasta el final.

¿Necesito de la conversión? ¿Acepto la invitación de Dios?

Jueces 11:29–39
Salmo 39
Mateo 22:1–14

Jesús le respondió: "'Amarás al Señor, tu Dios, con todo tu corazón, con toda tu alma y con toda tu mente'. Este es el más grande y el primero de los mandamientos. Y el segundo es semejante a éste: 'Amarás a tu prójimo como a ti mismo'. En estos dos mandamientos se fundan toda la ley y los profetas".
—MATEO 22:37–40

Una sola palabra: Amor.

¿Qué significa para mí?

Rut 1:1,3–6,14–16,22
Salmo 145
Mateo 22:34–40

*[Jesús dijo:] "Ustedes, en cambio, no dejen que los llamen 'maestros',
porque no tienen más un Maestro y todos ustedes son hermanos".*
—MATEO 23:8

Maestro y Señor,
enséñame a amar como nos amas tú;
enséñame a tratar a los demás como hermanos
y hermanas míos que son.
Amén.

Rut 2:1–3,8–11; 4:13–17
Salmo 127
Mateo 23:1–12

Domingo

23 DE AGOSTO

• XXI DOMINGO DEL TIEMPO ORDINARIO •

Jesús les dijo a los Doce: "¿También ustedes quieren dejarme?". Simón Pedro le respondió: "Señor, ¿a quién iremos? Tú tienes palabras de vida eterna; y nosotros creemos y sabemos que tú eres el Santo de Dios".
—JUAN 6:67–69

Nada ni nadie nos obliga a seguir a Jesús; ni siquiera él lo hace, pues respeta nuestra libertad. Pero sabemos, por experiencia y por la fe, que cuando nos alejamos de él, nos perdemos. El pecado nos tienta con recompensas atractivas, pero cuando nos dejamos llevar por el pecado descubrimos que lo prometido es perecedero e incluso inexistente. Nos damos cuenta de que hemos sido engañados y que nos hemos distanciado de Dios. Solo si seguimos a Cristo alcanzaremos la verdadera felicidad. Nunca es tarde para regresar a la senda que nos lleva a la vida eterna.

¿Me he sentido perdido alguna vez? ¿Cómo me sentí al regresar a Cristo?

Josué 24:1–2a,15–17,18
Salmo 33
Efesios 5:21–32
Juan 6:60–69

24 DE AGOSTO

• SAN BARTOLOMÉ, APÓSTOL •

*La muralla descansaba sobre doce cimientos, en los que estaban escritos los
doce nombres de los apóstoles del Cordero.*
—APOCALIPSIS 21:14

Dios nuestro,
tu elegiste a los Doce
para que continuaran tu misión.
Te pedimos por el Papa y los obispos,
pastores de tu Pueblo.
Continúa bendiciéndolos para que,
guiados por el Espíritu,
lleven a tu Iglesia hacia la santidad.
Amén.

Apocalipsis 21:9–14
Salmo 144
Juan 1:45–51

Nuestra predicación no nace del error ni de intereses mezquinos ni del deseo de engañarlos, sino que predicamos el Evangelio de acuerdo con el encargo que Dios, considerándonos aptos, nos ha hecho, y no para agradar a los hombres, sino a Dios, que es el que conoce nuestros corazones.
—1 TESALONICENSES 2:3–4

Pablo era consciente de que su misión tenía un origen divino: Dios lo había elegido para proclamar el Evangelio, Cristo Resucitado. Nosotros también hemos recibido, en virtud de nuestro Bautismo, ese llamado de Dios. Con nuestras palabras y obras, con toda nuestra vida, predicamos a Cristo; no para recibir adulaciones sino porque esa es la misión que hemos recibido del Altísimo.

¿Soy consciente de que Dios me ha llamado a mí para que sea su apóstol?

1 Tesalonicenses 2:1–8
Salmo 138
Mateo 23:23–26

26 DE AGOSTO

Ahora damos gracias a Dios continuamente, porque al recibir ustedes la palabra que les hemos predicado, la aceptaron, no como palabra humana, sino como lo que realmente es: palabra de Dios, que sigue actuando en ustedes, los creyentes.
—1 TESALONICENSES 2:13

Hemos recibido la Palabra de Dios de aquellas personas que compartieron y comparten con nosotros su fe: nuestros padres y abuelitos, maestros y catequistas, sacerdotes y religiosos, amigos y desconocidos. Hemos recibido la Palabra de Dios por medio de las Sagradas Escrituras, que leemos en privado o escuchamos proclamadas en la celebración de los sacramentos, especialmente la Eucaristía. Hemos recibido la Palabra de Dios en oración, en el silencio de nuestro corazón... Una Palabra dadora de vida, activa y transformadora.

¿Qué personas han sido clave en mi desarrollo espiritual? ¿Leo en oración o estudio las Sagradas Escrituras con asiduidad?

1 Tesalonicenses 2:9–13
Salmo 138
Mateo 23:27–32

Que el Señor los llene y los haga rebosar de un amor mutuo y hacia todos los demás, como el que yo les tengo a ustedes, para que él conserve sus corazones irreprochables en la santidad ante Dios, nuestro Padre, hasta el día en que venga nuestro Señor Jesús, en compañía de todos sus santos.
—1 TESALONICENSES 3:12–13

Dios nos ama con abundancia; su amor no conoce límites. Si permitimos que su amor nos llene e inunde, entonces este rebosará nuestro ser y no podremos sino compartir ese amor con los demás. Si no tenemos amor, no podemos compartir amor, pues nadie puede dar de lo que no tiene. Abramos nuestros corazones de par en par al amor de Dios.

¿Qué personas son vehículos del amor de Dios en mi vida? ¿Cómo comparto el amor de Dios con los demás?

1 Tesalonicenses 3:7–13
Salmo 89
Mateo 24:42–51

28 DE AGOSTO

• SAN AGUSTÍN, OBISPO Y DOCTOR DE LA IGLESIA •

[Jesús dijo a sus discípulos:] "Estén, pues, preparados, porque no saben ni el día ni la hora".
—MATEO 25:13

Jesús no quería asustar a las personas con estas palabras. Más bien, las estaba invitando a una conversión continua y permanente, para que estuvieran listas para su segunda venida. Su invitación sigue en vigor hoy. Nosotros también estamos llamados a transformar nuestra vida continuamente, a ser personas que aman más y perdonan más, a ser más justos, más misericordiosos y más fieles.

¿Cómo respondo al llamado a la conversión continua?

1 Tesalonicenses 4:1–8
Salmo 96
Mateo 25:1–13

Hermanos: En cuanto al amor fraterno, no necesitan que les escribamos,
puesto que ustedes mismos han sido instruidos por Dios para amarse los
unos a los otros.
—1 TESALONICENSES 4:9

No hace falta, dice Pablo, que nos enseñen a amar a los demás porque ya sabemos lo que significa ser amados. Para amar a los demás lo único que tenemos que hacer es amar como Dios nos ama.

¿Cómo sé que Dios me ama? ¿Cómo puedo amar a los demás como lo hace Dios?

1 Tesalonicenses 4:9–11
Salmo 97
Marcos 6:17–29

Acepten dócilmente la palabra que ha sido sembrada en ustedes y es capaz
de salvarlos. Pongan en práctica esa palaba y no se limiten a escucharla,
engañándose a ustedes mismos.
—SANTIAGO 1:21–22

La fe verdadera se expresa no solo con palabras, sino también
con obras. Nuestra forma de vivir debe ser acorde con la fe
que profesamos.

¿Cómo pongo en práctica las enseñanzas del Evangelio? ¿A
qué me retan las lecturas de esta semana?

Deuteronomio 4:1–2,6–8
Salmo 14
Santiago 1:17–18,21–22,27
Marcos 7:1–8,14–15,21–23

No queremos que ignoren lo que pasa con los difuntos, para que no vivan tristes, como los que no tienen esperanza. Pues, si creemos que Jesús murió y resucitó, de igual manera debemos creer que, a los que murieron en Jesús, Dios los llevará con él.
—1 TESALONICENSES 4:13-14

La alegría y el gozo son características que definen al cristiano. Esto no significa que no vivamos momentos tristes y dolorosos; significa que podemos afrontar esos momentos llenos de esperanza porque sabemos que Cristo ha conquistado a la muerte con su Resurrección, de la que un día todos seremos partícipes.

¿Cómo me ayuda mi fe en los momentos de dolor y sufrimiento?

1 Tesalonicenses 4:13-18
Salmo 95
Lucas 4:16-30

Martes

1 DE SEPTIEMBRE

[Jesucristo] murió por nosotros para que, cuando él vuelva, ya sea que estemos vivos o hayamos muerto, vivamos siempre con él. Por eso anímense mutuamente y ayúdense unos a otros a seguir progresando, como de hecho ya lo hacen.
—1 TESALONICENSES 5:10–11

La Iglesia no es una agrupación de individuos, sino una comunidad de creyentes. Como comunidad, tenemos la responsabilidad de ayudarnos mutuamente, de preocuparnos por el bien de los demás, de compartir nuestros gozos y sufrimientos, de instruirnos y corregirnos, de perdonarnos y amarnos. . . de ser un reflejo vivo de Cristo.

¿Participo activamente en la vida de mi parroquia? ¿Cómo puedo promover una mayor unión en mi comunidad de fe?

1 Tesalonicenses 5:1–6,9–11
Salmo 26
Lucas 4:31–37

2 DE SEPTIEMBRE

La suegra de Simón estaba con fiebre muy alta y le pidieron a Jesús que hiciera algo por ella. Jesús, de pie junto a ella, mandó con energía a la fiebre, y la fiebre desapareció. Ella se levantó enseguida y se puso a servirles.
—LUCAS 4:38–39

La respuesta de la suegra de Simón al ser curada por Jesús fue ponerse al servicio de los demás. ¡Qué mejor forma de expresar gratitud que compartir lo que uno ha recibido! Jesús la sanó por amor y ella respondió sirviendo por amor.

¿Cómo expreso mi gratitud hacia los demás? ¿Y hacia Dios?

Colosenses 1:1–8
Salmo 51
Lucas 4:38–44

Fortalecidos en todo aspecto por el poder que irradia de él, podrán resistir y perseverar en todo con alegría y constancia, y dar gracias a Dios Padre.
—COLOSENSES 1:11

Fortaleza. Poder. Alegría. Constancia. Gratitud.

¿Qué significan para mí, discípulo de Cristo, estas palabras?

Colosenses 1:9–14
Salmo 97
Lucas 5:1–11

4 DE SEPTIEMBRE

Cristo es la imagen de Dios invisible,
el primogénito de toda la creación,
porque en él tienen su fundamento todas las cosas creadas,
del cielo y de la tierra, las visibles y las invisibles.
—COLOSENSES 1:15–16

Con fe, profeso que

> Creo en un solo Dios, Padre todopoderoso,
> Creador del cielo y de la tierra,
> de todo lo visible y lo invisible.
> Creo en un solo Señor, Jesucristo, Hijo único
>   de Dios,
> nacido del Padre antes de todos los siglos:
> Dios de Dios, Luz de Luz,
> Dios verdadero de Dios verdadero,
> engendrado, no creado,
> de la misma naturaleza del Padre,
> por quien todo fue hecho.

Colosenses 1:15–20
Salmo 99
Lucas 5:33–39

Es necesario que permanezcan firmemente cimentados en la fe y no se dejen apartar de la esperanza que les dio el Evangelio que escucharon, el cual ha sido predicado en todas partes y a cuyo servicio yo, Pablo, he sido destinado.
—COLOSENSES 1:23

La fe cristiana es una fe esperanzadora. Sabedor de que Dios siempre cumple sus promesas, ofrezco en oración el siguiente *Acto de esperanza*:

> Señor Dios mío, espero por tu gracia
> la remisión de todos mis pecados;
> y después de esta vida,
> alcanzar la eterna felicidad,
> porque tú lo prometiste que eres
> infinitamente poderoso,
> fiel, benigno y lleno de misericordia.
> Quiero vivir y morir en esta esperanza.
> Amén.

Colosenses 1:21–23
Salmo 53
Lucas 6:1–5

*Queridos hermanos, ¿acaso no ha elegido Dios a los pobres de este mundo
para hacerlos ricos en la fe y herederos del Reino que prometió a los
que lo aman?*
—SANTIAGO 2:5

Santiago nos recuerda una de las Bienaventuranzas que Jesús
proclamó en su Sermón de la Montaña. Los hijos de Dios son
aquellos que se entregan con fe en sus manos, los que confían
en Dios y no en las riquezas ni en el poder terrenal, los que
encuentran el verdadero consuelo en Dios y no en las falsas
esperanzas que nos ofrece la sociedad, los que luchan por la
justicia y no se dejan llevar por el egoísmo ni el individualismo
exacerbado que predica el mundo.

¿Qué significa para mí ser pobre de corazón y de espíritu?

Isaías 35:4–7
Salmo 145
Santiago 2:1–5
Marcos 7:31–37

7 DE SEPTIEMBRE

Un sábado, Jesús entró en la sinagoga y se puso a enseñar. Había allí un hombre que tenía la mano derecha paralizada. Los escribas y fariseos estaban acechando a Jesús para ver si curaba en sábado y tener así de qué acusarlo.
—LUCAS 6:6–7

El sábado era un día para dedicarse a Dios y a descansar; ni siquiera se podía curar a un enfermo. Así lo establecía la ley. Si Jesús curaba al hombre de la mano paralizada, estaría violando la ley divina. Y eso era precisamente lo que esperaban sus enemigos que hiciera. Pero si la ley divina proviene de Dios y se funda en el amor, entonces sanar a alguien —una obra de amor— no puede ser inconsistente con la ley de Dios, que es el Amor mismo.

¿Me guía el amor en mis decisiones? ¿Busco siempre el bien de los demás?

Colosenses 1:24—2:3
Salmo 61
Lucas 6:6–11

8 DE SEPTIEMBRE

• NATIVIDAD DE LA SANTÍSIMA VIRGEN MARÍA •

*"He aquí que la virgen concebirá y dará a luz un hijo, a quien pondrá el
nombre de Emmanuel, que quiere decir Dios-con-nosotros".*
—MATEO 1:22–23

Dirijamos hoy a la Virgen María la siguiente oración,
adaptada del tradicional *Ángelus:*

> El ángel del Señor anunció a María. Y concibió
> por obra y gracia del Espíritu Santo. Dios te
> salve, María. . .
> He aquí la esclava del Señor. Hágase en mí según
> tu palabra. Dios te salve, María. . .
> Y el Verbo de Dios se hizo carne. Y habitó entre
> nosotros. Dios te salve, María. . .
> Ruega por nosotros, Santa Madre de Dios, para
> que seamos dignos de alcanzar las promesas
> de Jesucristo. Dios te salve, María. . .

Miqueas 5:1–4a o Romanos 8:28–30
Salmo 12
Mateo 1:1–16,18–23 o 1:18–23

> *Mirando Jesús a sus discípulos, les dijo:*
> *"Dichosos ustedes los pobres,*
> *porque de ustedes es el Reino de Dios.*
> *Dichosos ustedes los que ahora tienen hambre,*
> *porque serán saciados.*
> *Dichosos ustedes los que lloran ahora,*
> *porque al fin reirán".*
> —LUCAS 6:20–21

El Reino de Dios es un reino donde no habrá lugar para carencias. Qué gran diferencia con este mundo, donde a muchos les falta lo necesario para sobrevivir; donde falta la justicia, donde escasea la paz, donde no hay alegría; donde se necesita de la esperanza. Como colaboradores en la misión de Cristo, estamos llamados a llevar justicia, paz, alegría y esperanza a este mundo necesitado.

¿De qué carece mi familia? ¿Mi comunidad? ¿El mundo? ¿Qué puedo hacer yo al respecto?

Colosenses 3:1–11
Salmo 144
Lucas 6:20–26

10 DE SEPTIEMBRE

Con el corazón lleno de gratitud, alaben a Dios con salmos, himnos y cánticos espirituales, y todo lo que digan y todo lo que hagan, háganlo en el nombre del Señor Jesús, dándole gracias a Dios Padre, por medio de Cristo.
—COLOSENSES 3:16–17

La gratitud es una de las actitudes y disposiciones esenciales de nuestra fe. La misa, fuente y culmen de la vida cristiana, es en sí misma una oración de acción de gracias. Como dicen las primeras líneas del Prefacio de la Eucaristía:

En verdad es justo y necesario, es nuestro deber y salvación, darte gracias siempre y en todo lugar, Señor, Padre Santo, Dios todopoderoso y eterno, por Cristo, Señor nuestro.

¿Por qué le estoy agradecido a Dios?

Colosenses 3:12–17
Salmo 150
Lucas 6:27–38

La gracia de nuestro Señor se desbordó sobre mí, al darme la fe y el amor que provienen de Cristo Jesús.
—1 TIMOTEO 1:14

Dios no nos da nada a medias. Al amarnos, nos ama sin fin; al darnos su gracia, nos la da en abundancia; al perdonados, nos perdona completamente. Así, cuando verdaderamente aceptamos su amor, su gracia y su perdón, estos llenan nuestro ser hasta rebosar. Y al rebosar, ese amor se desborda y nos lleva a amar a los demás, a compartir su gracia con los demás, a perdonar a los demás.

¿Acepto los dones que Dios me ofrece? ¿Cómo los comparto con los demás?

1 Timoteo 1:1–2,12–14
Salmo 15
Lucas 6:39–42

Jesús dijo a sus discípulos: "No hay árbol bueno que produzca frutos
malos, ni árbol malo que produzca frutos buenos. Cada árbol se conoce
por sus frutos. No se recogen higos de las zarzas, ni se cortan uvas de
los espinos".
—LUCAS 6:43–44

Lo que decimos no es siempre lo que hacemos, y sabemos que
eso no debería ser así. Nuestras acciones deben ser coherentes
con nuestras convicciones. La fe que profesamos con palabras
debe reflejarse en nuestras obras. Si nos decimos discípulos
de Jesús, entonces nos tenemos que comportar como se
comportó él.

¿En qué me resulta más difícil ser como Jesús? ¿Qué me resulta
más fácil?

1 Timoteo 1:15–17
Salmo 112
Lucas 6:43–49

Domingo

13 DE SEPTIEMBRE

• XXIV DOMINGO DEL TIEMPO ORDINARIO •

Quizá alguien podría decir: "Tú tienes fe y yo tengo obras. A ver cómo, sin obras, me demuestras tu fe; yo, en cambio, con mis obras te demostraré mi fe".
—SANTIAGO 2:18

La fe no es algo que expresamos solamente con palabras. También celebramos la fe mediante la liturgia de la Iglesia, especialmente los sacramentos; rezamos la fe, a través de los distintos modos de oración; y vivimos la fe al seguir los Mandamientos, las Bienaventuranzas, la enseñanza moral de la Iglesia y su doctrina social. Profesamos nuestra fe en Cristo viviendo en Cristo.

¿Vivo mi vida de una manera consistente con la fe en Cristo que profeso?

Isaías 50:5–9
Salmo 114
Santiago 2:14–18
Marcos 8:27–35

14 DE SEPTIEMBRE

• EXALTACIÓN DE LA SANTA CRUZ •

Cristo Jesús, siendo Dios,
[. . .] se hizo semejante a los hombres.

Así, hecho uno de ellos, se humilló a sí mismo
y por obediencia aceptó incluso la muerte,
y una muerte de cruz.
—FILIPENSES 2:6,7–8

Hagamos de la oración colecta de la misa de hoy nuestra oración:

Dios nuestro, que hiciste que tu Hijo
muriera en la Cruz para salvar a todos los hombres,
concédenos aceptar por su amor
la cruz del sufrimiento aquí en la tierra,
para poder gozar en el cielo los frutos de su redención.
Por nuestro Señor Jesucristo,
Amén.

Números 21:4–9
Salmo 77
Filipenses 2:6–11
Juan 3:13–17

15 DE SEPTIEMBRE

• NUESTRA SEÑORA DE LOS DOLORES •

Al ver a su madre y junto a ella al discípulo que tanto quería, Jesús dijo a su madre: "Mujer, ahí está tu hijo". Luego dijo al discípulo: "Ahí está tu madre".
—JUAN 19:26–27

Hoy nos ofrecemos a compartir el dolor de María y, al así hacerlo, compartir también el de tantas personas que sufren a nuestro alrededor y en el mundo entero. A María, madre nuestra y Madre de Cristo, le ofrecemos esta oración tomada de la secuencia de antes del Evangelio de hoy:

¡Oh dulce fuente de amor!,
hazme sentir tu dolor
para que llore contigo.
Y que, por mi Cristo amado,
mi corazón abrasado
más viva en él que conmigo.

1 Timoteo 3:1–13
Salmo 100
Juan 19:25–27 o Lucas 2:33–35

16 DE SEPTIEMBRE

• SAN CORNELIO, PAPA Y MÁRTIR, Y SAN CIPRIANO, OBISPO Y MÁRTIR •

Realmente es grande el misterio del amor de Dios, que se nos ha
manifestado en Cristo,
hecho hombre,
santificado por el Espíritu,
contemplado por los ángeles,
anunciado a todas las naciones,
aceptado en el mundo mediante la fe
y elevado a la gloria.
—1 TIMOTEO 3:5–16

"Realmente es grande el misterio del amor de Dios", escribió san Pablo. Desde el plano intelectual, nos resulta imposible comprender lo mucho que nos ama Dios. Solo desde la fe podemos aceptar esa gran verdad, ese gran misterio.

¿Cómo sé que Dios me ama? ¿Cómo respondo a su amor?

1 Timoteo 3:14–16
Salmo 110
Lucas 7:31–35

17 DE SEPTIEMBRE

• SAN ROBERTO BELARMINO, OBISPO Y DOCTOR DE LA IGLESIA •

Procura ser un modelo para los fieles en tu modo de hablar y en tu conducta, en el amor, en la fe y en la castidad. Mientras llego, preocúpate de leer públicamente la palabra de Dios, de exhortar a los hermanos y de enseñarlos.
—1 TIMOTEO 4:12–13

Pablo instruía a Timoteo sobre cómo ser discípulo de Cristo, sobre cómo proclamar el Evangelio en su comunidad. Porque ser discípulo de Cristo no significa vivir la fe en privado, a escondidas. Seguir a Cristo significa vivir su Evangelio y proclamarlo públicamente, con palabras y obras, con enseñanzas y comportamientos.

¿Qué personas en mi vida me han predicado a Cristo con su ejemplo y enseñanzas? ¿Cómo predico yo a Cristo en mi vida diaria?

1 Timoteo 4:12–16
Salmo 110
Lucas 7:36–50

Tú, en cambio, como hombre de Dios, evita todo eso y lleva una vida de rectitud, piedad, fe, amor, paciencia y mansedumbre. Lucha en el noble combate de la fe, conquista la vida eterna, a la que has sido llamado y de la que hiciste tan admirable profesión ante numerosos testigos.
—1 TIMOTEO 6:11–12

Cada vez que vamos a misa profesamos públicamente nuestra fe; cada vez que bendecimos la mesa ante nuestra familia y amigos, profesamos públicamente nuestra fe; cada vez que participamos en algún ministerio de la parroquia, profesamos públicamente nuestra fe. Es una fe que estamos llamados a vivir con rectitud, piedad, fe, amor, paciencia y mansedumbre, así como con justicia, misericordia y paz.

¿Cómo profeso mi fe públicamente? ¿Cómo la profesan otras personas a las que conozco?

1 Timoteo 6:2–12
Salmo 48
Lucas 8:1–3

[Jesús explicó:] "Lo que cayó en tierra buena representa a los que escuchan la palabra, la conservan en un corazón bueno y bien dispuesto, y dan fruto con su constancia".
—LUCAS 8:15

Señor Dios,
tú Palabra es revelación divina.
Ayúdame a buscarla con inquietud,
a escucharla atentamente,
a recibirla con un corazón abierto,
y a vivirla según tu voluntad
para dar fruto en abundancia con mi vida
y así proclamar a Cristo,
tu Palabra hecha carne.
Amén.

1 Timoteo 6:13–16
Salmo 99
Lucas 8:4–15

20 DE SEPTIEMBRE

• XXV DOMINGO DEL TIEMPO ORDINARIO •

Los que tienen la sabiduría que viene de Dios son puros, ante todo.
Además, son amantes de la paz, comprensivos, dóciles, están llenos de
misericordia y buenos frutos, son imparciales y sinceros. Los pacíficos
siembran la paz y cosechan frutos de justicia.
—SANTIAGO 3:17–18

Uno de los aspectos centrales de la epístola de Santiago es su énfasis en cómo debe vivirse y ponerse en práctica la fe, si es que es una fe verdadera. La fe nos transforma el corazón, lo que nos lleva a vivir según el Evangelio. Al hacerlo, transformamos el mundo en el que vivimos y colaboramos en la instauración del Reino de Dios, un reino de pureza, paz, comprensión, misericordia, bondad, sinceridad, paz y justicia.

¿Cómo contribuyo a que mi mundo sea un mundo mejor?

Sabiduría 2:12,17–20
Salmo 53
Santiago 3:16—4:3
Marcos 9:30–37

21 DE SEPTIEMBRE

• SAN MATEO, APÓSTOL Y EVANGELISTA •

No hay más que un solo cuerpo y un solo Espíritu, como es también solo una la esperanza del llamamiento que ustedes han recibido. Un solo Señor, una sola fe, un solo bautismo, un solo Dios y Padre de todos, que reina sobre todos, actúa a través de todos y vive en todos.
—EFESIOS 4:4–6

Cada uno de nosotros ha sido creado como un ser único por Dios, a su imagen y semejanza. Esa diversidad, ese don, se refleja también en la Iglesia, el Cuerpo de Cristo. Cada uno de nosotros aporta su ser —como ha sido creado por Dios— para el bien de la comunidad y del mundo entero. Y lo hacemos porque somos parte no solo de la familia humana, sino de la familia de Dios. Si la diversidad nos diferencia, hay algo más poderoso que nos une: "Un solo Señor, una sola fe, un solo bautismo, un solo Dios y Padre de todos".

¿Qué me hace único? ¿Qué me une a los demás?

Efesios 4:1–7,11–13
Salmo 18
Mateo 9:9–13

[Jesús] respondió: "Mi madre y mis hermanos son aquellos que escuchan la palabra de Dios y la ponen en práctica".
—LUCAS 8:21

No basta con escuchar a Cristo; no basta con profesar nuestra fe en él. Hace falta poner en práctica la fe que profesamos, la palabra que escuchamos. Cuando así lo hacemos, nos comportamos como discípulos de Cristo en quien hemos sido bautizados. Con el Bautismo pasamos a formar parte de la familia de Dios y de su Iglesia, con los derechos y las responsabilidades que ello conlleva.

¿Cómo vivo mi bautismo en mi vida? ¿A qué me llama el Bautismo?

Esdras 6:7–8,12,14–20
Salmo 121
Lucas 8:19–21

23 DE SEPTIEMBRE

• SAN PÍO DE PIETRELCINA, PRESBÍTERO •

[Jesús les dijo:] "No lleven nada para el camino: ni bastón, ni morral, ni comida, ni dinero, ni dos túnicas".
—LUCAS 9:3

Una entrega y una confianza plenas. Eso es lo que Jesús pidió a sus discípulos cuando los envió a predicar la Buena Nueva, y es lo que nos pide también a nosotros. No nos dice que para ser sus discípulos debamos ser primero pobres —la pobreza es un mal que tenemos que erradicar—. Pero sí nos pide que pongamos nuestra esperanza, confianza y fe en Dios y no en las riquezas materiales, el poder y demás dioses falsos con los que la sociedad nos promete una falsa felicidad.

¿En qué confío en la vida? ¿En quién confío en la vida?

Esdras 9:5–9
Tobías 13
Lucas 9:1–6

24 DE SEPTIEMBRE

Dice el Señor de los ejércitos, reflexionen sobre su situación: han sembrado mucho, pero cosechado poco; han comido, pero siguen con hambre; han bebido, pero siguen con sed; se han vestido, pero siguen con frío, y los que trabajan a sueldo echaron su salario en una bolsa rota.
—AGEO 1:5–7

Los judíos habían dejado a Dios de lado y enfocaban su atención en su bienestar personal. Un reflejo de esa actitud era que habían construido casas lujosas, y sin embargo no habían restaurado el Templo. Y es a través de Ageo como Dios les hizo ver que, por mucho que se dedicaran a sus cosechas, a sus ropas y al dinero, si Dios no estaba en su vida, nunca se sentirían ni satisfechos ni felices.

¿Cómo me siento cuando me alejo de Dios? ¿Y cuándo lo tengo presente en mi vida?

Ageo 1:1–8
Salmo 149
Lucas 9:7–9

25 DE SEPTIEMBRE

[Jesús] les preguntó: "¿Quién dice la gente que soy yo?" Ellos contestaron:
"Unos dicen que eres Juan el Bautista; otros, que Elías; y otros, que
alguno de los antiguos profetas que ha resucitado".
El les dijo: "Y ustedes, ¿quién dicen que soy yo?"
—LUCAS 9:18–20

¿Qué le respondo yo a Jesús?

Ageo 2:1–9
Salmo 42
Lucas 9:18–22

Entonces se alegrarán las jóvenes, danzando;
se sentirán felices jóvenes y viejos,
porque yo convertiré su tristeza en alegría,
los llenaré de gozo y aliviaré sus penas.
—JEREMÍAS 31:13

Cuando el Reino de Dios llegue a su plenitud, la tristeza desaparecerá y reinará la alegría; las penas cesarán y reinará el gozo; el sufrimiento dejará de existir y reinará el júbilo; el dolor se extinguirá y todos se regocijarán.

Como discípulos de Jesús, es tarea nuestra colaborar en la realización de su Reino.

¿Qué puedo hacer para sanar el sufrimiento de los demás? ¿Qué puedo hacer para transmitir la alegría y el gozo del Evangelio?

Zacarías 2:5–9,14–15
Jeremías 31
Lucas 9:43–45

Si tu mano te es ocasión de pecado, córtatela; pues más te vale entrar manco en la vida eterna, que ir con tus dos manos al lugar del castigo, al fuego que no separa. Y si tu pie te es ocasión de pecado, córtatelo; pues más te vale entrar cojo en la vida eterna, que con tus dos pies ser arrojado al lugar de castigo. Y si tu ojo te es ocasión de pecado, sácatelo; pues más te vale entrar tuerto en el Reino de Dios, que ser arrojado con tus dos ojos al lugar de castigo.
—MARCOS 9:47–48

Que no haya mal en nosotros; a eso se refiere Jesús. Este es un llamado a la conversión.

¿Qué aspecto o área de mi vida necesita de la conversión?

Números 11:25–29
Salmo 18
Santiago 5:1–6
Marcos 9:38–43,45,47–48

28 DE SEPTIEMBRE

• SAN WENCESLAO, MÁRTIR • SAN LORENZO RUÍZ Y COMPAÑEROS, MÁRTIRES •

Esto dice el Señor de los ejércitos: "Yo salvaré a mi pueblo de los países de oriente y occidente, y los traeré aquí para que habite en Jerusalén. El será mi pueblo y yo seré su Dios, lleno de felicidad y de justicia".
—ZACARÍAS 8:7–8

No siempre es fácil seguir al Señor. Nuestra fragilidad humana es continuamente tentada por el pecado bajo sus muchos disfraces y puntos de origen. Pero Dios nos promete que nos salvará, pues somos su pueblo, y nos llevará a su ciudad santa, a su Reino de felicidad y justicia.

¿Qué me impide ser verdaderamente feliz en la vida?

Zacarías 8:1–8
Salmo 101
Lucas 9:46–50

Entonces yo, Juan, oí en el cielo una voz poderosa, que decía: "Ha sonado la hora de la victoria de nuestro Dios, de su dominio y de su reinado, y del poder de su Mesías, porque ha sido reducido a la impotencia el que de día y de noche acusaba a nuestros hermanos, delante de Dios".
—APOCALIPSIS 12:10

La esperanza es una de las virtudes teologales, las cuales tienen su origen en Dios mismo. Nuestra esperanza no es una esperanza carente de base, es una esperanza certera. Sabemos que lo que esperamos se hará realidad porque así lo ha prometido Dios y así lo ha demostrado a lo largo de la historia de la salvación. Esperamos y sabemos que al final de los tiempos el Reino de Dios será una realidad.

¿Qué significa para mí ser una persona de esperanza?

Daniel 7:9–10,13–14 o Apocalipsis 12:7–12
Salmo 137
Juan 1:47–51

30 DE SEPTIEMBRE

• SAN JERÓNIMO, PRESBÍTERO Y DOCTOR DE LA IGLESIA •

[Jesús dijo]: "El que empuña el arado y mira hacia atrás, no sirve para el
Reino de Dios".
—LUCAS 9:62

Nuestros orígenes y experiencias pasadas son importantes pues, de un modo u otro, nos han formado y convertido en las personas que somos hoy en día. Pero si solo nos fijamos en el pasado, en lo que fue, en lo que pudo haber sido o en lo que nunca sucedió, nos convertimos en prisioneros del ayer, dejamos que las cadenas del pasado nos impidan ir hacia adelante, hacia el futuro, hacia la persona que Dios quiere que seamos y hacia el Reino que nos ha prometido.

¿Hay algo en mi pasado que me retiene en mi caminar hacia Dios?

Nehemías 2:1–8
Salmo 136
Lucas 9:57–62

Designó el Señor a otros setenta y dos discípulos y los mandó por delante, de dos en dos, a todos los pueblos y lugares a donde pensaba ir, y les dijo: "La cosecha es mucha y los trabajadores pocos. Rueguen, por tanto, al dueño de la mies que envíe trabajadores a sus campos".
—LUCAS 10:1–2

Señor de la mies,
tú nos llamas para trabajar en tus campos,
para continuar la misión de tu Hijo.
Ayúdame a responder siempre con un "sí" a tu
        invitación,
sabiendo que tú estás a mi lado
y nunca me abandonarás.
Amén.

Nehemías 8:1–4,5–6,8–12
Salmo 18
Lucas 10:1–12

Desde el día en que el Señor sacó de Egipto a nuestros padres hasta el día de hoy, no hemos obedecido al Señor, nuestro Dios, y nos hemos obstinado en no escuchar su voz.
—BARUC 1:19

La historia del Pueblo de Dios es una historia de amor, del amor de Dios por su Pueblo. Un amor al que a veces el Pueblo responde con amor y otras veces con infidelidad. Es en esta historia que cada uno de nosotros nos vemos reflejados. Nuestra propia vida es una vida de fidelidad y de infidelidad a Dios, de gracia y de pecado. Sin embargo, al igual que Dios nunca abandonó a su pueblo y siempre lo amó, sabemos que Dios tampoco nos abandona y siempre nos ama.

¿Cuándo le he sido infiel a Dios? ¿Cuándo le he sido fiel?

Baruc 1:15–22
Salmo 78
Mateo 18:1–5,10

3 DE OCTUBRE

*Así como un día se empeñaron en alejarse de Dios,
así vuélvanse ahora a él y búsquenlo con mucho mayor empeño.*
—BARUC 4:28

El llamado a la conversión no es algo exclusivo del tiempo de Cuaresma o de Adviento. El cristiano está llamado a una conversión continua, a tener cada día una relación más íntima con Cristo, a ser cada vez un templo más digno del Espíritu, a acercase cada vez más al Padre.

¿Qué aspecto de mi vida necesita de la conversión?

Baruc 4:5–12,27–29
Salmo 68
Lucas 10:17–24

[Jesús dijo:] "Dejen que los niños se acerquen a mí y no se lo impidan, porque el Reino de Dios es de los que son como ellos. Les aseguro que el que no reciba el Reino de Dios como un niño, no entrará en él".
Después tomó en brazos a los niños y los bendijo imponiéndoles las manos.
—MARCOS 10:14–15

Inocencia, bondad, alegría, dependencia total, amor incondicional, confianza, ternura, mansedumbre, docilidad. . . son algunas de las características de la niñez.

A la luz de este pasaje, ¿cómo me pide Jesús que sea?

Génesis 2:18–24
Salmo 127
Hebreos 2:8–11
Marcos 10:2–16 o 10:2–12

5 DE OCTUBRE

En el peligro grité al Señor y me atendió.
Desde el vientre del abismo te pedí auxilio
y me escuchaste.
Cuando se me acababan las fuerzas,
invoqué al Señor
y llegó hasta ti mi oración, hasta tu santo templo.
—JONÁS 2:3,8

Dios siempre escucha las oraciones de sus hijos e hijas, incluso desde el vientre de un pez grande, como en el caso de Jonás.

¿Qué le pido hoy al Señor?

Jonás 1:1—2:1,11
Jonás 2
Lucas 10:25–37

6 DE OCTUBRE

El Señor le respondió: "Marta, Marta, muchas cosas te preocupan y te inquietan, siendo así que una sola es necesaria".
—LUCAS 10:41–42

Señor Dios, tú eres la fuente de la paz.
En mi día a día, en mi vida,
hay muchas cosas que me preocupan, inquietan y
    quitan el sueño.
Ayúdame a afrontarlas como debo,
a ponerlas en perspectiva o a darles prioridad;
sabiendo que contigo todo lo puedo,
que tú eres mi única preocupación.
Amén.

Jonás 3:1–10
Salmo 129
Lucas 10:38–42

7 DE OCTUBRE

• NUESTRA SEÑORA DEL ROSARIO •

Jesús estaba orando y cuando terminó, uno de sus discípulos le dijo:
"Señor, enséñanos a orar, como Juan enseñó a sus discípulos".
—LUCAS 11:1

Oremos la oración que Cristo les enseñó:

> Padre nuestro que estás en el cielo,
> santificado sea tu Nombre;
> venga a nosotros tu Reino;
> hágase tu voluntad
> en la tierra como en el cielo.
> Danos hoy
> nuestro pan de cada día;
> perdona nuestras ofensas,
> como también nosotros perdonamos
> a los que nos ofenden;
> no nos dejes caer en la tentación,
> y líbranos del mal. Amén.

Jonás 4:1–11
Salmo 85
Lucas 11:1–4

Para ustedes, los que temen al Señor, brillará el sol de justicia, que les traerá la salvación en sus rayos.
—MALAQUÍAS 3:20

Temer a Dios no es lo mismo que tenerle miedo. Temer a Dios es reconocer su grandeza y su misterio, es reconocerlo como Todopoderoso, es respetarlo como un hijo respeta a su padre. Temer a Dios es presentarnos ante él con un corazón afligido, sabiendo que somos pecadores pero que él es misericordioso y justo. Temer a Dios no es sentir un miedo irracional hacia él, sino desear cumplir su voluntad porque lo amamos.

¿Cómo demuestro que respeto a Dios? ¿Cómo sé que él es justo y misericordioso?

Malaquías 3:13–20
Salmo 1
Lucas 11:5–13

Toquen la trompeta de Sión,
den la alarma en mi monte santo;
que tiemblen los habitantes del país,
porque ya viene, ya está cerca el día del Señor.
—JOEL 2:1

Somos colaboradores del Señor; nos ha sido encomendado continuar su misión. Anunciar la proximidad del "día del Señor", la llegada de su Reino, forma parte de esta encomienda. Ese fue uno de los primeros mensajes que proclamó Jesús al comenzar su ministerio público, y es un mensaje que estamos llamados a proclamar nosotros también. No sabemos cuándo regresará el Señor, pero sí sabemos que debemos estar preparados para recibirlo, y es esto a lo que llamamos e invitamos con nuestra predicación.

¿Estoy preparado para recibir al Señor? ¿Cómo debo transformar mi corazón para ello?

Joel 1:13–15; 2:1–2
Salmo 9
Lucas 11:15–26

Jesús le respondió: "Dichosos todavía más los que escuchan la palabra de Dios y la ponen en práctica".
—LUCAS 11:28

Escuchamos a Dios en las Sagradas Escrituras; lo escuchamos a través de la Tradición de la Iglesia, sus enseñanzas y celebraciones de la fe; lo escuchamos en el mundo creado; lo escuchamos a través de la gente de fe; lo escuchamos en la oración; lo escuchamos en nuestro corazón y conciencia; lo escuchamos a través de la Historia; lo escuchamos a través de su Hijo, Jesucristo.

¿Vivo de acuerdo a la Palabra de Dios?

Joel 4:12–21
Salmo 96
Lucas 11:27–28

Supliqué y se me concedió la prudencia;
invoqué y vino sobre mí el espíritu de sabiduría.
La preferí a los cetros y a los tronos,
y en comparación con ella tuve en nada la riqueza.
—SABIDURÍA 7:7–8

Señor Dios,
tú eres fuente de todos los dones.
Otórgame el don de la sabiduría,
para poder discernir
tu voluntad en mi vida,
de manera que esta sea un reflejo de tu amor
y sirva para llevar a muchos
a la Salvación que nos ofrece
tu Hijo Jesucristo.
Amén.

Sabiduría 7:7–11
Salmo 89
Hebreos 4:12–13
Marcos 10:17–30 o 10:17–27

A todos ustedes, los que viven en Roma, a quienes Dios ama y ha llamado a la santidad, les deseo la gracia y la paz de Dios, nuestro Padre, y de Jesucristo, el Señor.
—ROMANOS 1:7

San Pablo, como les dijo a los cristianos de la antigua comunidad de Roma, nos dice hoy a nosotros: "Dios te ama. Dios quiere que vivas una vida santa. Dios te ofrece su gracia, su vida divina. Dios te ofrece su paz. Acéptalas".

¿Estoy dispuesto a aceptar la gracia y la paz que me ofrece Dios? ¿Cómo puedo vivir una vida santa cada día?

Romanos 1:1–7
Salmo 97
Lucas 11:29–32

El Señor le dijo: "Ustedes, los fariseos, limpian el exterior del vaso y del plato; en cambio, el interior de ustedes está lleno de robos y maldad. ¡Insensatos! ¿Acaso el que hizo lo exterior no hizo también lo interior? Den más bien limosna de lo que tienen y todo lo de ustedes quedará limpio".
—LUCAS 11:39–41

En nuestros puestos de trabajo, en familia, con amigos o desconocidos, en un club deportivo o en uno social. . . dependiendo de las circunstancias, nos comportamos de una manera u otra. Y no hay nada malo en ello; de hecho, cada situación requiere una determinada forma de actuar. Pero lo que no debe cambiar es la persona que somos. Independientemente del papel que tengamos o del contexto, debemos ser siempre auténticos. Y si la fe es parte intrínseca de quienes somos, entonces debemos ser coherentes con ella a la hora de actuar, allí donde nos encontremos, estemos con quien estemos.

¿Es mi vida coherente con mis creencias? ¿Reflejan mis acciones lo que hay en mi corazón?

Romanos 1:16–25
Salmo 18
Lucas 11:37–41

Entonces Jesús le respondió: "Ay de ustedes también, doctores de la ley, porque abruman a la gente con cargas insoportables, pero ustedes no las tocan ni con la punta del dedo".
—LUCAS 11:46

A la hora de relacionarnos con los demás —sean familiares, amigos, compañeros de trabajo o estudio o desconocidos— hay que ser comprensivos y realistas. Cada cual —incluidos nosotros mismos— da de sí según sus dones y posibilidades. Cuando esperemos algo de otra persona, pongámonos en su lugar; asumamos siempre su bondad; tratémosla con respeto y dignidad; estemos abiertos a dejarnos sorprender y transformar por esa persona; ofrezcámosle nuestro apoyo y ayuda; démosle algo de nosotros mismos; caminemos a su lado.

¿Qué espero de los demás? ¿Qué esperan los demás de mí?

Romanos 2:1–11
Salmo 61
Lucas 11:42–46

Por medio de la fe en Jesucristo, la actividad salvadora de Dios llega, sin distinción alguna, a todos los que creen en él.
—ROMANOS 3:22

Hoy se celebran el V Centenario del nacimiento de santa Teresa de Jesús, religiosa, mística, reformadora y doctora de la Iglesia. Dejemos que sus palabras nos inspiren:

> Nada te turbe, nada te espante.
> Todo se pasa. Dios no se muda.
> La paciencia todo lo alcanza.
> Quien a Dios tiene, nada le falta.
> Sólo Dios basta.

Romanos 3:21–30
Salmo 129
Lucas 11:47–54

[Jesús les dijo:] "¿No se venden cinco pajarillos por dos monedas? Sin embargo, ni de uno solo de ellos se olvida Dios; y por lo que a ustedes toca, todos los cabellos de su cabeza están contados. No teman, pues, porque ustedes valen mucho más que todos los pajarillos".
—LUCAS 12:6–7

Dios nos ha creado a cada uno por amor. Como Padre nuestro, él nos conoce íntimamente y nos ama con todo su ser. Y nos invita a que nosotros lo conozcamos y amemos.

¿Cómo puedo fortalecer mi relación con Dios?

Romanos 4:1–8
Salmo 31
Lucas 12:1–7

Abraham es nuestro padre delante de aquel Dios en quien creyó y que da la vida a los muertos y llama a la existencia a las cosas que todavía no existen. El, esperando contra toda esperanza, creyó que habría de ser padre de muchos pueblos, conforme a lo que Dios le había prometido: "Así de numerosa será tu descendencia".
—ROMANOS 4:16–18

Tú y yo formamos parte de esa descendencia prometida a Abraham, y por ello somos herederos de todas las promesas divinas. A lo largo de la historia de la Salvación, Dios ha revelado su fidelidad y siempre ha cumplido sus promesas. . . y las cumplirá con nosotros también.

¿Qué significa para mí decir que Abraham es uno de mis antepasados?

Romanos 4:13,16–18
Salmo 104
Lucas 12:8–12

Domingo

18 DE OCTUBRE

• XXIX DOMINGO DEL TIEMPO ORDINARIO •

Acerquémonos, por tanto, con plena confianza al trono de la gracia, para recibir misericordia, hallar la gracia y obtener ayuda en el momento oportuno.
—HEBREOS 4:16

Dios siempre da el primer paso y nos invita a dejarnos abrazar por él. Con los brazos abiertos, nos espera para compartir con nosotros su gracia y misericordia, para darnos la ayuda que necesitemos, para compartir su paz y amor con nosotros.

¿Hay algo que me impide acercarme más a Dios? ¿Estoy dispuesto a aceptar su gracia y misericordia y a dejarme transformar por ellas?

Isaías 53:10–11
Salmo 32
Hebreos 4:14–16
Marcos 10:35–45 o 10:42–45

Ante la firme promesa de Dios [Abraham] no dudó ni tuvo desconfianza,
antes bien su fe se fortaleció y dio con ello gloria a Dios, convencido de
que él es poderoso para cumplir lo que promete.
—ROMANOS 4:20–21

Dios,
tú eres siempre fiel a tu Palabra.
Fortalece mi fe y confianza en ti
de manera que, como Abrahán,
mi vida sea un canto
de gloria y alabanza.
Amén.

Romanos 4:19–25
Lucas 1
Lucas 12:13–21

Jesús dijo a sus discípulos: "Estén listos, con la túnica puesta y las lámparas encendidas. Sean semejantes a los criados que están esperando a que su señor regrese de la boda, para abrirle en cuanto llegue y toque. Dichosos aquellos a quienes su señor, al llegar, encuentre en vela".
—LUCAS 12:35–37

El cristiano no lo es solo los domingos, durante la Misa, o durante los tiempos de Cuaresma y Adviento. El cristiano lo es cada segundo de cada minuto de cada hora de cada día. Su vida entera es una vida de fe, de amor y de esperanza; de perdón, de misericordia y de conversión continua. El cristiano se encuentra siempre en vela, esperando con anhelo a Cristo y su Reino.

¿Estoy preparado para recibir a Cristo? ¿Cómo puedo ayudar a los demás a estarlo?

Romanos 5:12,15,17–19,20–21
Salmo 39
Lucas 12:35–38

Pónganse al servicio de Dios, puesto que habiendo estado muertos, él les ha dado la vida; pongan también sus miembros a su servicio, como instrumentos de santidad. El pecado ya no volverá a dominarlos, pues no viven ustedes bajo el régimen de la ley, sino bajo el régimen de la gracia.
—ROMANOS 6:13–14

El servicio a los demás es una forma de expresar y vivir nuestra fe, y es también una manera de demostrar nuestra gratitud a Dios por lo que hemos recibido de él. Si hemos recibido la vida, compartamos la vida, y si hemos recibido la gracia, compartamos la gracia. Hagámoslo sirviendo a Dios, expresémoslo sirviendo a su Pueblo.

¿Cómo demuestro mi agradecimiento a Dios? ¿Cómo les sirvo a él y a su Pueblo?

Romanos 6:12–18
Salmo 123
Lucas 12:39–48

22 DE OCTUBRE

Ahora, libres del pecado y entregados al servicio de Dios, dan frutos de
santidad, que conducen a la vida eterna. En una palabra, el pecado nos
paga con la muerte; en cambio, Dios nos da gratuitamente la vida eterna,
por medio de Cristo Jesús, Señor nuestro.
—ROMANOS 6:22–23

Las opciones son muy claras: pagar con la muerte el pecado o recibir gratis la vida eterna.

¿Cuál de las dos opciones elijo? ¿Qué significa esa elección en mi vida?

Romanos 6:19–23
Salmo 1
Lucas 12:49–53

• SAN JUAN CAPISTRANO, PRESBÍTERO •

Yo puedo querer hacer el bien, pero no puedo realizarlo, puesto que no hago el bien que quiero, sino el mal que no quiero; y si hago lo que no quiero, ya no soy yo quien lo hace, sino el pecado, que habita en mí.
—ROMANOS 7:19–20

Como seres humanos, tenemos limitaciones y debilidades. Una de ellas es nuestra debilidad ante la tentación. Hay veces que hacemos lo que no deseamos y otras veces no hacemos lo que deseamos. Es parte de nuestra naturaleza humana. Sin embargo, esto no significa que no podamos hacer nada al respecto. Esta debilidad nos recuerda que el ser humano no lo puede hacer todo por sí mismo, sino que necesita y depende de Dios.

¿Cuáles son algunas de mis debilidades? ¿Cuáles son algunos de mis puntos fuertes?

Romanos 7:18–25
Salmo 118
Lucas 12:54–59

[Jesús] les dijo esta parábola: "Un hombre tenía una higuera plantada en su viñedo; fue a buscar higos y no los encontró. Dijo entonces al viñador: [. . .] 'Córtala. ¿Para qué ocupa la tierra inútilmente?' El viñador le contestó: 'Señor, déjala todavía este año; voy a aflojar la tierra alrededor y a echarle abono, para ver si da fruto. Si no, el año que viene la cortaré'".
—LUCAS 13:6–9

Dios es un Dios de segundas oportunidades. Y de terceras. Y de cuartas. . . de infinitas oportunidades. La misericordia y el perdón de Dios no conocen límites, pues brotan de su amor ilimitado. Siempre dispuesto a perdonarnos y concedernos su gracia, Dios espera pacientemente nuestra conversión.

¿Participo a menudo en el sacramento de la Reconciliación? ¿Busco el perdón y la misericordia de Dios?

Romanos 8:1–11
Salmo 23
Lucas 13:1–9

[Esto dice el Señor:]
"Retorna una gran multitud;
vienen llorando, pero yo los consolaré y los guiaré,
los llevaré a torrentes de agua
por un camino llano en el que no tropezarán".
—JEREMÍAS 31:9

La vida nos trae tristezas y penas, ocasiones en las que perdemos el camino, momentos de sequía insoportable, obstáculos que nos impiden progresar como quisiéramos. . . En ese largo y accidentado caminar no estamos solos: contamos con esa gran multitud que forma la Iglesia —terrenal y celestial— y contamos con Dios, quien siempre cumple sus promesas.

¿Cómo te han ayudado los miembros de tu comunidad de fe en tu vida? ¿Cómo te ayuda Dios en los momentos difíciles?

Jeremías 31:7–9
Salmo 125
Hebreos 5:1–6
Marcos 10:46–52

Los que se dejan guiar por el Espíritu de Dios, esos son hijos de Dios. No han recibido ustedes un espíritu de esclavos, que los haga temer de nuevo, sino un espíritu de hijos, en virtud del cual podemos llamar Padre a Dios.
—ROMANOS 8:14–15

Ofrezcamos en oración los siguientes versos de la oración tradicional *Veni Creator*:

Ven, Espíritu Creador, / visita las almas de tus fieles, / llena con tu divina gracia, / los corazones que creaste.

Tú derramas sobre nosotros los siete dones; / Tú, dedo de la diestra del Padre; / Tú, fiel promesa del Padre; / que inspiras nuestras palabras.

Por ti conozcamos al Padre, / al Hijo revélanos también; / Creamos en ti, su Espíritu, / por los siglos de los siglos. Amén.

Romanos 8:12–17
Salmo 67
Lucas 13:10–17

Porque ya es nuestra la salvación, pero su plenitud es todavía objeto de esperanza. Esperar lo que ya se posee no es tener esperanza, porque, ¿cómo se puede esperar lo que ya se posee? En cambio, si esperamos algo que todavía no poseemos, tenemos que esperarlo con paciencia.
—ROMANOS 8:24–25

Con Cristo irrumpió el Reino de Dios: pecadores fueron perdonados, enfermos sanados, poseídos exorcizados, fallecidos recobraron la vida. . . y mediante su Pasión, muerte y Resurrección, la muerte misma fue derrotada. Ahora esperamos el regreso de Cristo, para que el Reino llegue a su plenitud. La espera debe ser paciente, vigilante y activa. No nos debemos quedar de brazos cruzados, sino vivir nuestra fe y transformar el mundo, aportando al Reino mientras esperamos su plenitud.

¿Qué significa decir que el Reino de Dios ya está aquí? ¿Cómo será cuando llegue a su plenitud?

Romanos 8:18–25
Salmo 125
Lucas 13:18–21

28 DE OCTUBRE

• SANTOS SIMÓN Y JUDAS, APÓSTOLES •

*Hermanos: Ya no son ustedes extranjeros ni advenedizos; son
conciudadanos de los santos y pertenecen a la familia de Dios, porque han
sido edificados sobre el cimiento de los apóstoles y de los profetas, siendo
Cristo Jesús la piedra angular.*
—EFESIOS 2:19–20

Hemos sido bautizados en Cristo, convirtiéndonos en Hijos de Dios y miembros de su Iglesia. Compartimos la fe de los santos que nos han precedido, la fe transmitida a través de los apóstoles y sus sucesores hasta nuestros días, la fe que proclama el amor y la fidelidad de Dios anunciados por los profetas. Formamos parte de una sola familia, la familia de Dios, Padre de todos.

¿Cómo trato a los que son diferentes a mí? ¿Cómo me pide mi fe que los trate?

Efesios 2:19–22
Salmo 18
Lucas 6:12–19

29 DE OCTUBRE

¿Qué cosa podrá apartarnos del amor con que nos ama Cristo? ¿Las tribulaciones? ¿Las angustias? ¿La persecución? ¿El hambre? ¿La desnudez? ¿El peligro? ¿La espada?
—ROMANOS 8:35

El amor de Cristo es incesante e incondicional, siempre a nuestra disposición. No hay nada que podamos hacer o decir que haga que él nos retire su amor. Somos nosotros los que elegimos, al pecar, alejarnos de Cristo y de su amor. Pero a pesar de esto, él continúa ofreciéndonos su amor. Regresemos a él con un corazón arrepentido y sintamos su amor derramarse sobre nosotros.

¿Soy consciente del amor de Cristo en mi vida? ¿Cómo comparto ese amor con los demás?

Romanos 8:31–35,37–39
Salmo 108
Lucas 13:31–35

30 DE OCTUBRE

*[Jesús] les preguntó: "Si a alguno de ustedes se le cae en un pozo su burro
o su buey, ¿no lo saca enseguida, aunque sea sábado?"*
—LUCAS 14:5

Si en aquel entonces la vida de un burro o de un buey era
lo suficientemente importante para un campesino para violar
la ley que le prohibía trabajar en sábado, ¿cuánto más estaba
Jesús dispuesto a hacer para sanar la vida de un ser humano?

¿Cómo promuevo y defiendo la dignidad de la vida humana?

Romanos 9:1–5
Salmo 147
Lucas 14:1–6

*Mirando cómo los convidados escogían los primeros lugares,
[Jesús les dijo:] . . .*

*"Cuando te inviten, ocupa el último lugar, para que, cuando venga el que
te invitó, te diga: 'Amigo, acércate a la cabecera'. Entonces te verás
honrado en presencia de todos los convidados. Porque el que se engrandece
a sí mismo, será humillado; y el que se humilla, será engrandecido".*
—LUCAS 14:7,10–11

Dios no desea nuestra humillación. Lo que desea es que
seamos humildes, es decir, que vivamos como somos, sin
creernos ni más ni menos que los demás. Dios nos ama tal y
como somos, como él nos ha creado. Ser humildes significa
ser auténticos y reconocer nuestras debilidades y nuestros
puntos fuertes, así como los de los demás. Significa respetar a
los demás y reconocer su dignidad como seres humanos, hijos
e hijas de Dios, como lo somos también nosotros.

¿Vivo con autenticidad? ¿Respeto la dignidad de los demás?

Romanos 11:1–2,11–12,25–29
Salmo 93
Lucas 14:1,7–11

1 DE NOVIEMBRE

• TODOS LOS SANTOS •

Vi luego una muchedumbre tan grande, que nadie podía contarla. Eran
individuos de todas las naciones y razas, de todos los pueblos y lenguas.
Todos estaban de pie, delante del trono y del Cordero.
—APOCALIPSIS 7:9

Santa Madre de Dios, *ora pro nobis.*

Todos los ángeles, *ora pro nobis.*

Todos los santos y profetas, *ora pro nobis.*

Todos los apóstoles y evangelistas, *ora pro nobis.*

Todos los mártires, *ora pro nobis.*

Todos los santos y santas de Dios, *ora pro nobis.*

Apocalipsis 7:2–4,9–14
Salmo 23
1 Juan 3:1–3
Mateo 5:1–12

2 DE NOVIEMBRE

• CONMEMORACIÓN DE TODOS LOS FIELES DIFUNTOS •

Las almas de los justos están en las manos de Dios
y no los alcanzarán ningún tormento. [. . .]
Los justos están en paz.
—SABIDURÍA 3:1,3

Por amor a tu Hijo,
que quiso entregarse a la muerte por nosotros,
concede, Señor, a nuestros hermanos y hermanas
    difuntos
tener parte con él en el triunfo
de su admirable resurrección.
Por nuestro Señor Jesucristo.
Amén.

LAS LECTURAS, TOMADAS DE
LAS MISAS DE DIFUNTOS,
VARIARÁN.

Jesús les dijo: "Un hombre preparó un gran banquete y convidó a muchas personas. Cuando llegó la hora del banquete, mandó un criado suyo a avisarles a los invitados que vinieran, porque ya estaba todo listo. Pero todos, sin excepción, comenzaron a disculparse".
—LUCAS 14:16–18

Dios desea mi Salvación; me llama a la felicidad y la vida eternas.

¿Cómo respondo a esa invitación? ¿Busco excusas para no aceptarla?

Romanos 12:5–16
Salmo 130
Lucas 14:15–24

4 DE NOVIEMBRE

Hermanos: No tengan con nadie otra deuda que la del amor mutuo, porque el que ama al prójimo, ha cumplido ya toda la ley.
—ROMANOS 13:8

Dios nos creó por amor y envió a su Hijo por amor. Cristo murió en la cruz por amor y el Padre resucitó a Cristo por amor. Tal y como hemos sido amados, así hemos de amar a los demás.

¿Qué personas en mi vida me han amado desinteresadamente? ¿A quién he amado yo así?

¿Qué función desempeña el amor en mi vida a la hora de tomar decisiones? ¿Y a la hora de tratar a los demás?

Romanos 13:8–10
Salmo 111
Lucas 14:25–33

5 DE NOVIEMBRE

[Jesús dijo:] "Yo les aseguro que así también se alegran los ángeles de Dios por un solo pecador que se arrepiente".
—LUCAS 15:10

A medida que se acerca el fin del año litúrgico, nos enfocamos en la segunda venida de Cristo y el fin de los tiempos. Por ello las lecturas se centran en la llamada a la conversión y la reconciliación, en la importancia de estar preparados para recibir a Cristo con un corazón nuevo.

Si Cristo regresara hoy, ¿me encontraría preparado?

Romanos 14:7–12
Salmo 26
Lucas 15:1–10

[Jesús dijo:] "Los que pertenecen a este mundo son más hábiles en sus negocios que los que pertenecen a la luz".
—LUCAS 16:8

Aquellos para quienes lo más importante en la vida es el dinero, se hacen expertos en avaricia. Para quienes lo más importante en la vida es su propio bienestar, se hacen expertos en el egoísmo. Para quienes lo más importante en la vida es su lugar en la sociedad, se hacen expertos en arrogancia. Y para quienes lo más importante es Cristo, se hacen expertos en el amor, en el perdón, en la misericordia, en la justicia, en la paz. . . en iluminar el mundo con la luz de Cristo.

¿Cuáles son mis prioridades en la vida? ¿Qué lugar ocupa Cristo en ella?

Romanos 15:14–21
Salmo 97
Lucas 16:1–8

[Jesús dijo:] "No hay criado que pueda servir a dos amos, pues odiará a uno y amará al otro, o se apegará al primero y despreciará al segundo. En resumen, no pueden ustedes servir a Dios y al dinero".
—LUCAS 16:13

En vez de referirse al dinero, Jesús habría podido mencionar muchas otras cosas y actitudes a las que a veces nos entregamos y rendimos: el adquirir una posición de poder, el sentirnos superiores a los demás, el tener lo último en tecnología o moda, el buscar únicamente nuestro propio bien. . .

¿Cuáles son los falsos dioses a los que se apega la sociedad en la que vivo? ¿Contra qué falsos dioses lucho yo en mi propia vida?

Romanos 16:3–9,16,22–27
Salmo 144
Lucas 16:9–15

Jesús les dijo: "Yo les aseguro que esa pobre viuda ha echado en la alcancía más que todos. Porque los demás han echado de lo que les sobraba; pero ésta, en su pobreza, ha echado todo lo que tenía para vivir".
—MARCOS 12:43–44

Al igual que nos alegramos por las alegrías de los demás, también sufrimos por el sufrimiento de los demás. A ambas situaciones estamos llamados a responder con todo nuestro corazón y todo nuestro ser. Las dos moneditas de la viuda simbolizan esa entrega total a los demás, especialmente a los más necesitados.

¿Me doy plenamente a los demás? ¿Cómo ayudo a paliar el sufrimiento de los demás?

1 Reyes 17:10–16
Salmo 145
Hebreos 9:24–28
Marcos 12:38–44 o 12:41–44

9 DE NOVIEMBRE

• DEDICACIÓN DE LA BASÍLICA DE LETRÁN •

Hermanos: Ustedes son la casa que Dios edifica. [. . .] El único cimiento
válido es Jesucristo y nadie puede poner otro distinto.
—1 CORINTIOS 3:9,11

La Basílica de Letrán es la catedral de Roma, donde se
encuentra la sede del Obispo de la ciudad, el Papa. La fiesta
de hoy no es un homenaje a un edificio de piedra y cemento,
sino a lo que representa y acoge en su interior: el Cuerpo de
Cristo, la Iglesia.

¿Rezo con asiduidad por el bien de la Iglesia y de sus
gobernantes? ¿Le pido a Dios que ayude a la Iglesia a
continuar siendo fiel a su misión y naturaleza?

Ezequiel 47:1–2,8–9,12
Salmo 45
1 Corintios 3:9–11,16–17
Juan 2:13–22

10 DE NOVIEMBRE

• LEÓN MAGNO, PAPA Y DOCTOR DE LA IGLESIA •

Los que confían en el Señor comprenderán la verdad
y los que son fieles a su amor permanecerán a su lado,
porque Dios ama a sus elegidos y cuida de ellos.
—SABIDURÍA 3:9

Señor Dios,
tú me llamaste por mi nombre
ya en el seno materno.
Continúa cuidando de mí,
ayudándome a serte siempre fiel,
amándote como me amas tú.
Amén.

Sabiduría 2:23—3:9
Salmo 33
Lucas 17:7–10

Dijo Jesús: "¿No eran diez los que quedaron limpios? ¿Dónde están los otros nueve? ¿No ha habido nadie, fuera de este extranjero, que volviera para dar gloria a Dios?".
—LUCAS 17:17–18

Dios nos bendice continuamente con su gracia y sus dones. Aun siendo conscientes de esto, a menudo olvidamos darle gracias y alabarle por su bondad y amor.

¿Por qué le estoy agradecido a Dios? ¿Cómo vivo y comparto los dones que recibo de Dios?

Sabiduría 6:1–11
Salmo 81
Lucas 17:11–19

*Los fariseos le preguntaron a Jesús: "¿Cuándo llegará el Reino de Dios?"
Jesús les respondió: "El Reino de Dios no llega aparatosamente. No se
podrá decir: 'Está aquí' o 'Está allá', porque el Reino de Dios ya está
entre ustedes".*
—LUCAS 17:20–21

Aunque en el mundo existe el pecado, también existe el perdón; aunque hay violencia, también hay paz; aunque hay injusticia, también hay justicia; aunque hay tristeza, también hay alegría; aunque hay desesperación, también hay esperanza; aunque hay odio, también hay amor. En el mundo, y en nuestras vidas, brillan esos momentos, situaciones y personas en las que el Reino de Dios se hace presente, ocupando el lugar en el que antes había tinieblas.

¿Cómo se ha hecho el Reino de Dios presente en mi vida? ¿Cómo colaboro para que se haga presente en la vida de los demás?

Sabiduría 7:2—8:1
Salmo 118
Lucas 17:20–25

*Reflexionando sobre la grandeza y hermosura de las criaturas
se puede llegar a contemplar a su creador.*
—SABIDURÍA 13:5

La Creación es un libro a través del cual se revela Dios, nuestro Padre y creador.

¿Qué aprendo acerca de Dios al observar la Creación? ¿Qué aprendo acerca de mí mismo?

Sabiduría 13:1–9
Salmo 18
Lucas 17:26–37

[Jesús preguntó:] "Cuando venga el Hijo del hombre, ¿creen que encontrará fe sobre la tierra?".
—LUCAS 18:8

El fin de los tiempos, la segunda venida de Cristo y el juicio final son algunos de los temas principales de las lecturas de estas últimas semanas del año litúrgico. Este enfoque nos urge a estar preparados para recibir a Cristo llenos de fe y esperanza, con un corazón renovado y limpio.

¿Cómo me preparo para recibir a Cristo en la Eucaristía?

¿Cómo me preparo para su segunda venida?

Sabiduría 18:14–16; 19:6–9
Salmo 104
Lucas 18:1–8

15 DE NOVIEMBRE

• XXXIII DOMINGO DEL TIEMPO ORDINARIO •

En aquel tiempo, se levantará Miguel, el gran príncipe que defiende a
tu pueblo.
—DANIEL 12:1

San Miguel Arcángel,
defiéndenos en la batalla.
Sé nuestro amparo
contra la perversidad y asechanzas
del demonio.
Reprímale Dios, pedimos suplicantes,
y tú, Príncipe de la Milicia Celestial,
arroja al infierno con el divino poder
a Satanás y a los otros espíritus malignos
que andan dispersos por el mundo
para la perdición de las almas.
Amén

Daniel 12:1–3
Salmo 15
Hebreos 10:11–14,18
Marcos 13:24–32

[Jesús preguntó:] "¿Qué quieres que haga por ti?" El le contestó: "Señor, que vea". Jesús le dijo: "Recobra la vista; tu fe te ha curado".
—LUCAS 18:41–42

Jesús siempre estaba dispuesto a sanar a quien se lo pidiera con fe. Y así fue con el ciego que se le acercó para pedirle que le devolviera la vista. Su ceguera no le impidió buscar a Jesús; su discapacidad no fue un obstáculo para atreverse a hacerle su petición; la posibilidad de ser ignorado o de pasar desapercibido no lo disuadió de dirigirse a Jesús. Su fe era más fuerte que cualquier temor.

¿Hay cosas que me impiden acercarme a Jesucristo? ¿Cuáles son los deseos más profundos de mi corazón?

1 Macabeos 1:10–15,41–43,54–57,62–64
Salmo 118
Lucas 18:35–43

Zaqueo, poniéndose de pie, dijo a Jesús: "Mira, Señor, voy a dar a los pobres la mitad de mis bienes, y si he defraudado a alguien, le restituiré cuatro veces más".

—LUCAS 19:8

Zaqueo no cambió su vida por haber sido objeto de un milagro. Jesús no lo había curado de una enfermedad, no le había expulsado ningún demonio ni lo había devuelto a la vida. Jesús simplemente entró en casa de Zaqueo, y eso fue suficiente para que Zaqueo experimentara una conversión. Este es el poder de un encuentro profundo con Cristo. Cuando acogemos a Cristo en nuestro corazón no podemos sino transformarnos.

¿Cómo describiría mi relación con Cristo? ¿Estoy dispuesto a dejarle que transforme mi corazón, mi vida entera?

2 Macabeos 6:18–31
Salmo 3
Lucas 19:1–10

18 DE NOVIEMBRE

• DEDICACIÓN DE LAS BASÍLICAS DE SAN PEDRO Y SAN PABLO, APÓSTOLES •
SANTA ROSA FILIPINA DUCHESNE, VIRGEN •

*En cuanto subieron a la barca, el viento se calmó. Los que estaban en la
barca se postraron ante Jesús, diciendo: "Verdaderamente tú eres el
Hijo de Dios".*
—MATEO 14:33

En la vida afrontamos lluvias, granizos y tormentas; a veces,
hasta huracanes. De un día para otro algo nos sucede, y nos
hallamos en situaciones que parecen llevarnos a la catástrofe.
Nos parece que nuestra vida está fuera de control y nos
sentimos impotentes.

Cuando esto ocurre, ¿confío en Aquel que tiene control sobre
todas las cosas, en Aquel que es todopoderoso? ¿Busco y
acepto su paz y tranquilidad?

LECTURAS DE LA MISA
DEL DÍA:
2 Macabeos 7:1,20–31
Salmo 16
Lucas 19:11–28

LECTURAS PROPIAS PARA
SANTOS PEDRO Y PABLO:
Hechos de los Apóstoles 28:11–16,30–31
Salmo 97
Mateo 14:22–33

[Los enviados del rey Antíoco prometieron:] "Tú y tus hijos serán contados entre los amigos del rey y serán recompensados con oro, plata y muchos regalos".
—1 MACABEOS 2:18

Esta fue la promesa que le hicieron a Matatías a cambio de que apostara, de que renegara de su fe. Han pasado miles de años desde entonces, pero el mundo nos sigue tentando con "oro, plata y muchos regalos" a cambio de que rechacemos a Dios y su voluntad.

¿Con qué me tienta la sociedad a cambio de no seguir a Dios? ¿Cómo demuestro con mi vida que Dios es mi prioridad, lo que más valoro?

1 Macabeos 2:15–29
Salmo 49
Lucas 19:41–44

Aquel día, Jesús entró en el templo y comenzó a echar fuera a los que vendían y compraban allí, diciéndoles: "Está escrito: 'Mi casa es casa de oración'; pero ustedes la han convertido 'en cueva de ladrones'".
—LUCAS 19:45–46

Si llenamos nuestro corazón de odio, venganza, injusticia, violencia y rencor, ¿quedará sitio para el amor, el perdón, la justicia, la paz y la misericordia que deben caracterizar a los discípulos de Cristo?

Cuando miro en la profundidad de mi corazón, ¿qué habita en él?

1 Macabeos 4:36–37,52–59
1 Crónicas 29
Lucas 19:45–48

21 DE NOVIEMBRE

• PRESENTACIÓN DE LA SANTÍSIMA VIRGEN MARÍA •

[Jesús les dijo:] "Dios no es Dios de los muertos, sino de vivos, pues para él todos viven".
—LUCAS 20:38

La vida no es un simple corazón latiente. Vivir de verdad es ser respetado, es gozar de dignidad, es ser valorado como persona, es ser tratado con justicia, es ser amado y perdonado, es ser escuchado, es contribuir a la sociedad, es establecer relaciones, es ser reconocido como hijo o hija de Dios.

¿Cómo promuevo la dignidad del ser humano en mi comunidad, país y mundo? ¿Trato a todos como hijos de Dios?

1 Macabeos 6:1–13
Salmo 9
Lucas 20:27–40

Yo, Daniel, tuve una visión nocturna:
Vi a alguien semejante a un hijo de hombre,
que venía entre las nubes del cielo. [. . .]
Entonces recibió toda la soberanía, la gloria y el reino.
Y todos los pueblos y naciones
de todas las lenguas lo servían.
Su poder nunca se acabará, porque es un poder eterno,
y su reino jamás será destruido.
—DANIEL 7:13–14

Amén. Amén.

Todo honor y gloria a ti, Señor.

Daniel 7:13–14
Salmo 92
Apocalipsis 1:5–8
Juan 18:33–37

23 DE NOVIEMBRE

• SAN CLEMENTE I, PAPA Y MÁRTIR • SAN COLUMBANO, ABAD • BEATO MIGUEL
AGUSTÍN PRO, PRESBÍTERO Y MÁRTIR •

En todas las cosas de sabiduría, inteligencia y experiencia que el rey les propuso [a Daniel, Ananías, Misael y Azarías], los encontró diez veces superiores a todos los magos y adivinos de su reino.
—DANIEL 1:20

Los dones que recibimos del Espíritu Santo son infinitamente superiores a cualquier habilidad humana, pues provienen de Dios mismo. Como dones —o regalos— que son, podemos aceptarlos o rechazarlos, podemos usarlos, abusarlos o ignorarlos. Siete son los dones del Espíritu: sabiduría, entendimiento, consejo, fortaleza, ciencia, piedad y temor de Dios.

¿Cuál de ellos siento más presente en mi vida? ¿Cuál de ellos necesito más? ¿Cuál de ellos debo fortalecer?

Daniel 1:1–6,8–20
Daniel 3
Lucas 21:1–4

Jesús dijo: "Días vendrán en que no quedará piedra sobre piedra de todo esto que están admirando; todo será destruido".
—LUCAS 21:6

Jesús anuncia el fin de los tiempos. Lo hace con palabras apocalípticas, haciéndonos ver que cuando el Reino llegue a su plenitud, todo dejará de ser como es y será recreado. El mundo no será como lo es ahora —manchado y deformado por el pecado— sino que será un reflejo de la voluntad de Dios, será como Dios quiso desde un principio que fuera.

¿Cómo me imagino que será un mundo sin pecado? ¿Qué puedo hacer yo para ayudar a que sea así, para que el Reino de Dios se haga una realidad?

Daniel 2:31–45
Daniel 3
Lucas 21:5–11

25 DE NOVIEMBRE

Santa Catalina de Alejandría, virgen y mártir
Sol y luna, bendigan al Señor.
Estrellas del cielo, bendigan al Señor.
Lluvia y rocío, bendigan al Señor.
Todos los vientos, bendigan al Señor.
Fuego y calor, bendigan al Señor.
Fríos y heladas, bendigan al Señor.
—DANIEL 3:62–67

Dios,
Señor del universo,
que toda la creación te alabe,
que toda mi vida sea una alabanza
a ti, mi creador.
Amén.

Daniel 5:1–6,13–14,16–17,23–28
Daniel 3
Lucas 21:12–19

26 DE NOVIEMBRE

• DÍA DE ACCIÓN DE GRACIAS •

[El rey Darío proclamó:]
"El es el Dios vivo,
que permanece para siempre.
Su reino no será destruido,
su imperio durará hasta el fin.
El salva y libra,
obra prodigios y señales en el cielo y en la tierra.
El salvó a Daniel de los leones".
—DANIEL 6:27–28

Dios vivo,
te damos gracias por todas las bendiciones
que nos impartes a lo largo del año.
Pero sobre todo, te damos gracias por
tu Hijo Jesucristo,
quien nos ha salvado.
Amén.

MISA DEL DÍA:
Daniel 6:12–28
Daniel 3
Lucas 21:20–28

MISA PROPIA DE ACCIÓN DE
GRACIAS A DIOS:
Eclesiástico [Sirácide] 50:22–24
1 Corintios 1:3–9
Lucas 17:11–19

[Jesús dijo:] *"Fíjense en la higuera y en los demás árboles. Cuando ven que empiezan a dar fruto, saben que ya está cerca el verano. Así también, cuando vean que suceden las cosas que les he dicho, sepan que el Reino de Dios está cerca".*
—LUCAS 21:29–31

A lo largo del año litúrgico, que termina mañana, hemos conmemorado y celebrado el Misterio Pascual: la vida, Pasión, muerte y Resurrección de Cristo. Con cada día, con cada semana, con cada mes transcurrido, la semilla del Evangelio de Cristo ha estado echando raíces en nuestro corazón y alma. Nuestra vida ha sido transformada, dando frutos para nuestro bien y el de todo el mundo, colaborando en la construcción del Reino de Dios.

¿Cómo he contribuido a lo largo del año a edificar el Reino de Dios?

Daniel 7:2–14
Daniel 3
Lucas 21:29–33

Hombres todos, bendigan al Señor.
Pueblo de Israel, bendice al Señor.
Sacerdotes del Señor, bendigan al Señor.
Siervos del Señor, bendigan al Señor.
Almas y espíritus justos, bendigan al Señor.
Santos y humildes de corazón, bendigan al Señor.
—DANIEL 3:82–87

Terminamos el año litúrgico con este canto de alabanza a Dios.

¿Cómo me ha bendecido Dios a lo largo del año? Exprésale tu agradecimiento y alabanza.

Daniel 7:15–27
Daniel 3
Lucas 21:34–36

29 DE NOVIEMBRE

• I DOMINGO DE ADVIENTO (COMIENZA EL CICLO C) •

Hermanos: Que el Señor los llene y los haga rebosar de un amor mutuo y hacia todos los demás, como el que yo les tengo a ustedes, para que él conserve sus corazones irreprochables en la santidad ante Dios, nuestro Padre, hasta el día en que venga nuestro Señor Jesús, en compañía de todos sus santos.

—1 TESALONICENSES 3:12–13

Hoy comenzamos el tiempo de Adviento y, con él, un nuevo año litúrgico, un nuevo año lleno de gracia.

Si terminábamos el año con la mirada puesta en la segunda venida de Cristo, con un llamado a estar preparados para recibirlo con un corazón nuevo y habiendo vivido una vida de amor, hoy empezamos el nuevo año de la misma manera. El cristiano no descansa; está llamado a una continua conversión, a entregarse cada día a Cristo, a amar constantemente, a preparar la llegada de Cristo.

¡Ven, Señor Jesús! ¡Ven, Señor de santidad!

Jeremías 33:14–16
Salmo 24
1 Tesalonicenses 3:12—4:2
Lucas 21:25–28,34–36

Jesús les dijo: "Síganme y los haré pescadores de hombres". Ellos inmediatamente dejaron las redes y lo siguieron.
—MATEO 4:19–20

No se lo pensaron. No dieron excusas. Escucharon el llamado de Jesús e *inmediatamente* lo siguieron. No sabían exactamente en qué se estaban embarcando, cuáles iban a ser sus responsabilidades o qué se iba a esperar de ellos. Pero reconocieron que seguir a Jesús valía la pena. Al escuchar a Jesús, percibieron algo en su corazón que hizo que todos sus temores e incógnitas pasaran a segundo plano.

¿Me da miedo a veces seguir a Jesús? ¿Por qué creo que vale la pena seguirlo?

Romanos 10:9–18
Salmo 18
Mateo 4:18–22

1 DE DICIEMBRE

Habitará el lobo con el cordero,
la pantera se echará con el cabrito,
el novillo y el león pacerán juntos
y un muchachito los apacentará.
—ISAÍAS 11:6

Si miramos a nuestro alrededor, si leemos los periódicos o vemos la televisión, nos damos cuenta de que el mundo está quebrado. La injusticia, la violencia, la corrupción, el hambre, el abuso de poder. Todo ello refleja un mundo donde el lobo se come al cordero y la pantera al cabrito. Este es el mundo que Cristo vino a salvar, a transformar completamente. Este nuevo mundo, recreado, es el que profetiza Isaías y del que damos testimonio nosotros al vivir como Jesús quiere que vivamos. Un mundo que se hará realidad cuando el Reino de Dios llegue a su plenitud, cuando venga Jesús.

¿Cómo puedo promover la justicia? ¿Qué puedo hacer para resolver las injusticias de las que soy testigo?

Isaías 11:1–10
Salmo 71
Lucas 10:21–24

Jesús tomó los siete panes y los pescados, y habiendo dado gracias a Dios, los partió y los fue entregando a los discípulos, y los discípulos a la gente. Todos comieron hasta saciarse, y llenaron siete canastos con los pedazos que habían sobrado.
—MATEO 15:36–37

Dios es un dios de la abundancia: al amarnos, nos ama con todo su ser; al otorgarnos su gracia, nos la da hasta rebosar; al perdonarnos, nos perdona incondicionalmente. Esto y todos los dones que recibimos en abundancia de Dios estamos llamados a compartirlos en abundancia con los demás.

¿Cuando amo, lo hago desinteresadamente? ¿Cuando perdono, lo hago de corazón? ¿Cuando ofrezco mi ayuda, lo hago sin esperar nada a cambio?

Isaías 25:6–10
Salmo 22
Mateo 15:29–37

3 DE DICIEMBRE

• SAN FRANCISCO JAVIER, PRESBÍTERO •

Abran las puertas para que entre el pueblo justo,
el que se mantiene fiel,
el de ánimo firme para conservar la paz,
porque en ti confió.
Confíen siempre en el Señor.
—ISAÍAS 26:2–4

El Adviento es tiempo de esperanza y confianza. Los que seguimos a Cristo nos preparamos para su venida abriéndole nuestro corazón, un corazón justo, fiel y de paz. Para ello, buscamos su perdón y reconciliación, confiando plenamente en su misericordia.

¿Qué áreas de mi corazón debo transformar? ¿Participo del sacramento de la Reconciliación?

Isaías 26:1–6
Salmo 117
Mateo 7:21,24–27

[Jesús] les tocó los ojos, diciendo: "Que se haga en ustedes conforme a su fe". Y se les abrieron los ojos. Jesús les advirtió severamente: "Que nadie lo sepa". Pero ellos, al salir, divulgaron su fama por toda la región.
—MATEO 9:29–31

Nos resulta difícil no anunciar una buena noticia. Cuando algo bueno nos pasa, queremos contárselo a todos, proclamarlo a los cuatro vientos. Por ello podemos entender cómo reaccionaron los hombres ciegos del pasaje de Mateo. Nosotros habríamos hecho probablemente lo mismo. Una de las realidades que ilustra este pasaje es la naturaleza de la Buena Nueva de Cristo, que no puede esconderse ni guardarse, que tiene vida propia, que demanda ser proclamada.

¿De qué manera es el Evangelio una buena noticia en mi vida? ¿Cómo lo comparto con los demás?

Isaías 29:17–24
Salmo 26
Mateo 9:27–31

[Jesús] les dijo: "Vayan en busca de las ovejas perdidas de la casa de Israel. Vayan y proclamen por el camino que ya se acerca el Reino de los cielos. Curen a los leprosos y demás enfermos; resuciten a los muertos y echen fuera a los demonios".

—MATEO 10:6–8

La misión que Jesús encomendó a sus discípulos les debió resultar muy familiar: les pedía que continuaran haciendo lo que él mismo había hecho. Nosotros, al ser Bautizados y pasar a formar parte de la Iglesia, recibimos de Jesús esa misma misión.

¿Cómo anuncio el Reino de los cielos? ¿Cómo puedo curar, dar vida y santificar el mundo?

Isaías 30:19–21,23–26
Salmo 146
Mateo 9:35—10:1,6–8

Esta es mi oración por ustedes: Que su amor siga creciendo más y más y se traduzca en un mayor conocimiento y sensibilidad espiritual. Así podrán escoger siempre lo mejor y llegarán limpios e irreprochables al día de la venida de Cristo, llenos de los frutos de la justicia.
—FILIPENSES 1:9–11

Dejarnos llevar por el amor es dejarnos guiar por Dios mismo. Cuanto más permitimos que el amor nos inunde el corazón, más permitimos que Dios llene nuestra vida y la transforme. Él está siempre dispuesto y ansioso de hacerlo. El tiempo de Adviento es un periodo apropiado para reflexionar acerca de lo que guardamos en nuestro corazón y de estar abiertos y dispuestos a la conversión, para así poder recibir a Cristo cuando venga.

¡Ven, Señor Jesús! ¡Ven, Señor del amor!

Baruc 5:1–9
Salmo 125
Filipenses 1:4–6,8–11
Lucas 3:1–6

*El paralítico se levantó inmediatamente, en presencia de todos, tomó la
camilla donde había estado tendido y se fue a su casa glorificando a Dios.
Todos quedaron atónitos y daban gloria a Dios, y llenos de temor, decían:
"Hoy hemos visto maravillas".*
—LUCAS 5:25–26

Dios, fuente de todo bien,
bondad absoluta.
Te doy gracias y te alabo
por todas las maravillas que has obrado en mí.
Te pido ser siempre consciente de tu presencia
en mi vida y expresarte siempre mi gratitud
con mi oración y con mi fe viva y vivida.
Por Cristo, tu Palabra hecha carne.
Amén.

Isaías 35:1–10
Salmo 84
Lucas 5:17–26

8 DE DICIEMBRE

Entró el ángel donde ella estaba y le dijo: "Alégrate, llena de gracia, el
Señor es contigo".
—LUCAS 1:28

Dios, hoy te ofrezco la siguiente oración, tomada del *Ángelus*:

> Infunde, Señor,
> tu gracia en nuestras almas,
> para que, los que hemos conocido, por el anuncio
>   del Ángel,
> la Encarnación de tu Hijo Jesucristo,
> lleguemos por los Méritos de su Pasión y su Cruz,
> a la gloria de la Resurrección.
> Por Jesucristo Nuestro Señor.
> Amén.

Génesis 3:9–15,20
Salmo 97
Efesios 1:3–6,11–12
Lucas 1:26–38

9 DE DICIEMBRE

• SAN JUAN DIEGO •

> *[El Señor] da vigor al fatigado*
> *y al que no tiene fuerzas, energía [. . .]*
> *aquellos que ponen su esperanza en el Señor,*
> *renuevan sus fuerzas;*
> *les nacen alas como de águila,*
> *corren y no se cansan,*
> *caminan y no se fatigan.*
> —ISAÍAS 40:29,31

La vida no es fácil. Todos pasamos por momentos dolorosos, difíciles o simplemente estresantes y agotadores. A veces estas situaciones duran unas horas o días, otras veces años enteros. Nos flaquean las fuerzas y nos abandona la energía. Pero el que nunca nos abandona, el que nunca flaquea en su apoyo es el Señor.

¿Cómo es mi relación con Dios durante los momentos difíciles de mi vida? ¿Cómo apoyo yo a quienes están atravesando situaciones difíciles en la suya?

Isaías 40:25–31
Salmo 102
Mateo 11:28–30

10 DE DICIEMBRE

Soy yo, dice el Señor,
el que te ayuda;
tu redentor es el Dios de Israel.
—ISAÍAS 41:14

El origen latino de la palabra "redención" se refiere a comprar, como cuando alguien paga para rescatar a alguien. Este rescate, esta compra, no es simplemente un acto de liberación sino también de pertenencia. La redención es ser rescatados del pecado y pasar a la libertad que conlleva pertenecer totalmente a Dios. Dios nos prometió la redención, la salvación, y en Cristo esta promesa se cumplió.

¿De qué soy esclavo en mi vida? ¿Qué significa pertenecer a Dios?

Isaías 41:13–20
Salmo 144
Mateo 11:11–15

"Yo soy el Señor, tu Dios,
el que te instruye en lo que es provechoso,
el que te guía por el camino que debes seguir".
—ISAÍAS 48:17

Con la siguiente *Oración de entrega*, de san Ignacio de Loyola, me pongo en las manos de Dios, mi Señor y Guía:

> Toma, Señor, y recibe toda mi libertad;
> mi memoria, mi entendimiento y toda mi
> voluntad;
> todo mi haber y mi poseer
> tú me diste y a ti lo torno;
> todo es tuyo;
> dispón tú de ello
> según tu voluntad.
> Dame tu amor y gracia
> que éstas me bastan.
> Amén.

Isaías 48:17–19
Salmo 1
Mateo 11:16–19

Se abrió el templo de Dios en el cielo y dentro de él se vio el arca de la alianza. Apareció entonces en el cielo una figura prodigiosa: una mujer envuelta por el sol, con la luna bajo sus pies y con una corona de doce estrellas en la cabeza.

—APOCALIPSIS 11:19—12:1

Hoy, festividad de Nuestra Señora de Guadalupe, madre e intercesora, le ofrecemos la siguiente oración, tradicionalmente llamada *Memorare*:

Acordaos, oh piadosísima Virgen María, que jamás se ha oído decir que ninguno de los que haya acudido a tu protección, implorando tu asistencia y reclamando tu socorro, haya sido abandonado de ti. Animado con esta confianza, a ti también acudo, oh Madre, Virgen de las vírgenes, y aunque gimiendo bajo el peso de mis pecados, me atrevo a comparecer ante tu presencia soberana. No deseches mis humildes súplicas, oh Madre del Verbo divino, antes bien, escúchalas y acógelas benignamente. Amén.

Zacarías 2:14–17 o
Apocalipsis 11:19a; 12:1–6a,10ab
Judit 13:18abcde,19
Lucas 1:26–38 o Lucas 1:39–47

13 DE DICIEMBRE

• III DOMINGO DE ADVIENTO •

*Hermanos míos: Alégrense siempre en el Señor; se lo repito: ¡alégrense! Que
la benevolencia de ustedes sea conocida por todos.*
—FILIPENSES 4:4–5

Tenemos mil y una razones para estar contentos y alegres. A veces no somos conscientes de ello, pero si nos detenemos unos minutos cada día para reflexionar en oración, no podemos sino descubrir y reconocer las numerosas bendiciones que recibimos. Esto nos lleva inevitablemente a una respuesta de alegría, de gratitud y de querer compartir con los demás no solo nuestro gozo, sino también las bendiciones mismas.

¡Ven, Señor Jesús! ¡Ven, Señor de la alegría!

Sofonías 3:14–18
Isaías 12
Filipenses 4:4–7
Lucas 3:10–18

Mientras Jesús enseñaba en el templo, se le acercaron los sumos sacerdotes y los ancianos del pueblo y le preguntaron: "¿Con qué derecho haces todas estas cosas? ¿Quién te ha dado semejante autoridad?"
—MATEO 21:23

La respuesta es obvia para los que sabemos quién es Jesucristo, los que creemos en él. La autoridad y el poder de Jesús provienen de Dios, Padre suyo y Padre nuestro.

Nosotros, como discípulos de Cristo, no estamos solos cuando obramos en su nombre. Él nos acompaña y nos da la fuerza, el apoyo y la gracia divina para que hagamos el bien, perdonemos y amemos. Con él a nuestro lado, con confianza y autoridad, denunciamos injusticias y proclamamos la justicia.

¿Reconocen los demás, por la vida que llevo, que soy discípulo de Cristo?

Números 24:2–7,15–17
Salmo 24
Mateo 21:23–27

Aquel día, dice el Señor,
yo dejaré en medio de ti, pueblo mío,
un puñado de gente pobre y humilde.
Este resto de Israel
confiará en el nombre del Señor.
—SOFONÍAS 3:12

El "resto de Israel", aquellos que permanecieron fieles a Dios independientemente de las circunstancias, que fueron justos cuando quienes los rodeaban no lo eran, que se preocupaban por los necesitados cuando los demás los ignoraban, que confiaban en Dios aun cuando tenían dudas y que nunca se alejaron de Dios, aun en los momentos más difíciles.

¿Cómo vivo mi fe en mi sociedad? ¿Cómo demuestro mi fidelidad a Dios?

Sofonías 3:1–2,9–13
Salmo 33
Mateo 21:28–32

[Jesús] contestó a los enviados: "Vayan a contarle a Juan lo que han visto y oído: los ciegos ven, los cojos andan, los leprosos quedan limpios, los sordos oyen, los muertos resucitan y a los pobres se les anuncia el Evangelio".
—LUCAS 7:22

Los frutos no dejaban lugar a dudas: el Reino de Dios había irrumpido en el mundo con Jesús. Aunque todavía no ha llegado a su plenitud —acontecimiento que esperamos ansiosamente cuando venga Jesús en gloria—, el Reino sigue presente y vivo en nuestro mundo. A pesar del mal que existe, fruto del pecado, Dios continúa obrando y estableciendo su reino aquí y ahora.

¿Dónde descubro la mano de Dios obrando en mi vida? ¿Y en el mundo?

Isaías 45:6–8,18,21–25
Salmo 84
Lucas 7:19–23

De modo que el total de generaciones, desde Abraham hasta David, es de catorce; desde David hasta la deportación a Babilonia, es de catorce, y desde la deportación a Babilonia hasta Cristo, es de catorce.
—MATEO 1:17

Con estas palabras concluye Mateo la larga genealogía de Jesús. Con este árbol genealógico el evangelista pone de relieve la conexión entre Abraham y Jesús. Todas las promesas que Dios había hecho desde un principio a Abraham y sus descendientes, llegan a su plenitud en Jesucristo; la antigua alianza, establecida con Abraham, es restablecida de una manera nueva y eterna en Jesucristo.

Dios es fiel. ¿Lo soy yo?

Génesis 49:2,8–10
Salmo 71
Mateo 1:1–17

Un ángel del Señor le dijo en sueños: "José, hijo de David, no dudes en recibir en tu casa a María, tu esposa, porque ella ha concebido por obra del Espíritu Santo. Dará a luz un hijo y tú le pondrás el nombre de Jesús, porque él salvará a su pueblo de sus pecados".
—MATEO 1:20–21

Jesús vino para salvarnos de nuestros pecados. Conscientes de que estamos necesitados del perdón divino, rezamos el Acto de Contrición:

Dios mío, me arrepiento de todo corazón de todos mis pecados y los aborrezco, porque al pecar, no solo merezco las penas establecidas por ti justamente, sino principalmente porque te ofendí, a ti sumo Bien y digno de amor por encima de todas las cosas. Por eso propongo firmemente, con ayuda de tu gracia, no pecar más en adelante y huir de toda ocasión de pecado. Amén.

Jeremías 23:5–8
Salmo 71
Mateo 1:18–24

El ángel le dijo: "No temas, Zacarías, porque tu súplica ha sido escuchada. Isabel, tu mujer, te dará un hijo, a quien le pondrás el nombre de Juan".
—LUCAS 1:13

A medida que se acaba el Adviento y se acerca el día de la Natividad del Señor, la figura de Juan el Bautista toma relieve como el "heraldo" del Señor. Anuncia y proclama la venida de Cristo, invitando a la gente a prepararse para recibirlo con un corazón limpio y puro. Una invitación que recibimos nosotros también, necesitados de la conversión continua.

¿Estoy preparado para recibir a Cristo? ¿Cómo puedo ser yo un heraldo del Señor?

Jueces 13:2–7,24–25
Salmo 70
Lucas 1:5–25

20 DE DICIEMBRE

• IV DOMINGO DE ADVIENTO • ANTÍFONA: *O CLAVIS DAVID* •

Isabel quedó llena del Espíritu Santo, y levantando la voz, exclamó:
"¡Bendita tú eres entre las mujeres y bendito el fruto de tu vientre! ¿Quién
soy yo, para que la madre de mi Señor venga a verme?"
—LUCAS 1:41–43

A María, Madre de Jesús y madre nuestra, rezamos:

> Dios te salve, María,
> llena eres de gracia;
> el Señor es contigo.
> Bendita Tú eres
> entre todas las mujeres,
> y bendito es el fruto de tu vientre, Jesús.
> Santa María, Madre de Dios,
> ruega por nosotros, pecadores,
> ahora y en la hora de nuestra muerte.
> Amén.

¡Ven, Señor Jesús! ¡Ven, Señor de la vida!

Miqueas 5:1–4
Salmo 79
Hebreos 10:5–10
Lucas 1:39–45

El Señor, tu Dios, tu poderoso salvador,
está en medio de ti.
El se goza y se complace en ti;
él te ama y se llenará de júbilo por tu causa,
como en los días de fiesta.
—SOFONÍAS 3:17–18

Llevamos varias semanas preparándonos para la Navidad, para conmemorar el nacimiento de Jesús. Sin embargo, esto no quiere decir que Cristo no esté con nosotros aquí y ahora, en medio de nosotros. Tal y como nos lo prometió, él está con nosotros hasta el fin de los tiempos.

El Adviento es también tiempo de preparación para ese día final, cuando Cristo regrese en gloria.

¿Cómo encontrará Jesús mi corazón cuando vuelva de nuevo?

Cantar de los Cantares 2:8–14 o
Sofonías 3:14–18
Salmo 32
Lucas 1:39–45

En aquel tiempo, dijo María:
"Mi alma glorifica al Señor
'y mi espíritu se llena de júbilo en Dios, mi salvador',
porque 'puso sus ojos en la humildad de su esclava'.
Desde ahora me llamarán dichosa todas las generaciones,
porque ha hecho grandes cosas el que todo lo puede".
—LUCAS 1:46–49

Estas palabras de María forman las primeras líneas del cántico titulado *Magníficat*, que la Iglesia entona todos los días durante la Liturgia de las Horas.

Es un canto de alabanza a Dios, por todas las obras que ha hecho por la Virgen María, en cumplimiento de sus promesas a través de los siglos, para nuestra salvación. Es un canto a la misericordia, la justicia y la fidelidad de Dios.

¿Cómo expreso mi alabanza a Dios?

1 Samuel 1:24–28
1 Samuel 2
Lucas 1:46–56

Esto dice el Señor: "He aquí que yo envío a mi mensajero. El preparará el camino delante de mí".
—MALAQUÍAS 3:1

A lo largo de la Historia de la Salvación, Dios envió a profetas y mensajeros para anunciar la venida del Salvador. Una de las características de estos profetas y heraldos es que eran conscientes de que no debían usar su llamado para engrandecerse a sí mismos por haber sido elegidos, ni para sentirse más que los demás, ni para crear discípulos suyos y no del Señor. Su ministerio era el de llevar a los demás a Dios, el de indicarles el Camino, el de proclamar a Dios.

¿Quiénes han sido mensajeros de Dios en mi vida? ¿Cómo lo puedo ser yo para los demás?

Malaquías 3:1–4,23–24
Salmo 24
Lucas 1:57–66

24 DE DICIEMBRE

En aquel tiempo, Zacarías, padre de Juan, lleno del Espíritu Santo,
profetizó diciendo:
"'Bendito sea el Señor, Dios de Israel',
porque ha visitado y redimido a su pueblo,
y ha hecho surgir en favor nuestro
un poderoso salvador de la casa de David, su siervo".
—LUCAS 1:67–69

Si hace unos días escuchábamos el cántico de la Virgen María
—el *Magníficat*—, hoy proclamamos el de Zacarías, el
Benedictus. Este himno, también parte de la Liturgia de las
Horas, lo entonó Zacarías con motivo del nacimiento de su
hijo, Juan el Bautista. Es un canto de acción de gracias a Dios
por haber sido fiel a la alianza y habernos enviado a Cristo,
nuestro Salvador.

¿Por qué le estoy agradecido a Dios?

MISA MATUTINA:
2 Samuel 7:1–5,8–12,14,16
Salmo 88
Lucas 1:67–79

25 DE DICIEMBRE

• NATIVIDAD DEL SEÑOR: NAVIDAD •

María dio a luz un hijo y él le puso por nombre Jesús.
—MATEO 1:25

¡Gloria a Dios en lo alto y en la tierra paz a los
hombres amados por él!

Hoy recibimos una Buena Noticia, una gran
alegría para todo el pueblo: Hoy nos ha
nacido en la ciudad de David el Salvador, el
Mesías y Señor.

¡Gloria a Dios en lo alto y en la tierra paz a los
hombres amados por él!

MISA VESPERTINA DE
LA VIGILIA:
Isaías 62:1–5
Salmo 88
Hechos de los Apóstoles 13:16–17,22–25
Mateo 1:1–25

MISA DE MEDIANOCHE:
Isaías 9:1–3,5–6
Salmo 95
Tito 2:11–14
Lucas 2:1–14

MISA DE LA AURORA:
Isaías 62:11–12
Salmo 96
Tito 3:4–7
Lucas 2:15–20

MISA DEL DÍA:
Isaías 52:7–10
Salmo 97
Hebreos 1:1–6
Juan 1:1–18 o 1:1–5,9–14

Mientras lo apedreaban, Esteban repetía esta oración: "Señor Jesús, recibe mi espíritu". Después se puso de rodillas y dijo con fuerte voz: "Señor, no les tomes en cuenta este pecado". Diciendo esto, durmió en el Señor.
—HECHOS DE LOS APÓSTOLES 7:59–60

Ayer celebrábamos con gozo un nacimiento, el de Jesucristo, nuestro Salvador; hoy celebramos una muerte, la de Esteban, el primer discípulo de Jesús en morir por su fe en Cristo.

Morir por Cristo es vivir en Cristo. Morir para el cristiano no es morir, sino "dormir en el Señor". Morir no es morir, sino nacer a la vida eterna.

¿Estaría dispuesto a dar mi vida por Cristo? ¿Vivo mi vida como un verdadero discípulo de Cristo?

Hechos de los Apóstoles 6:8–10; 7:54–59
Salmo 30
Mateo 10:17–22

Puesto que Dios los ha elegido a ustedes, lo han consagrado a él y les ha dado su amor, sean compasivos, magnánimos, humildes, afables y pacientes. Sopórtense mutuamente y perdónense cuando tengan quejas contra otro, como el Señor los ha personado a ustedes. Y sobre todas estas virtudes, tengan amor, que es el vínculo de la perfecta unión.
—COLOSENSES 3:12–14

La compasión, la generosidad, el altruismo, la humildad, el afecto, el amor que nos ayuda a sufrir los defectos de los demás, el perdón. . . virtudes esenciales para una vida familiar cristiana. Y todas ellas supeditadas al amor incondicional y puro.

¿Qué virtudes practico en mi familia y con mis seres queridos?

Eclesiástico [Sirácide] 3:3–7,14–17
Salmo 127
Colosenses 3:12–21
Lucas 2:41–52

28 DE DICIEMBRE

• LOS SANTOS INOCENTES, MÁRTIRES •

Dios es luz y en él no hay nada de oscuridad. [. . .] Si vivimos en la luz,
como él vive en la luz, entonces estamos unidos unos con otros, y la sangre
de su Hijo Jesús nos purifica de todo pecado.
—1 JUAN 1:5,7

Dios, luz eterna,
ilumina mi vida
para que camine siempre por tu senda;
ilumina mi corazón
para que sea yo
reflejo de tu luz en el mundo.
Por Cristo, nuestro Señor.
Amén.

1 Juan 1:5—2:2
Salmo 123
Mateo 2:13–18

29 DE DICIEMBRE

• SANTO TOMÁS BECKET, OBISPO Y MÁRTIR •

Quien ama a su hermano permanece en la luz y no tropieza. Pero quien odia a su hermano está en las tinieblas, camina en las tinieblas y no sabe a dónde va, porque las tinieblas han cegado sus ojos.
—1 JUAN 2:10–11

Hace unos días comenzó el invierno. Eso significa que los días se hacen cada vez más largos y las noches más cortas; cada día la luz brilla más tiempo y más fuerte. No es una coincidencia que celebremos el tiempo de Navidad en estas fechas. Cristo, la luz del mundo, ha irrumpido y con él la oscuridad del pecado y la muerte desaparece y el brillo de la salvación y la gracia resplandece cada vez más fuerte.

¿Qué áreas de tiniebla hay en mi corazón? ¿Qué puedo hacer para que las disipe la luz de Cristo?

1 Juan 2:3–11
Salmo 95
Lucas 2:22–35

30 DE DICIEMBRE

Una vez que José y María cumplieron todo lo que prescribía la ley del Señor, se volvieron a Galilea, a su ciudad de Nazaret. El niño iba creciendo y fortaleciéndose, se llenaba de sabiduría y la gracia de Dios estaba con él.
—LUCAS 2:39–40

Termina el año; tiempo de reflexión, de análisis y de introspección.

¿He crecido y fortalecido mi relación con Dios a lo largo del año?

¿He sido instrumento de Dios en mi familia y comunidad a lo largo del año?

¿Cuáles son mis propósitos espirituales y eclesiales para el año que se avecina?

1 Juan 2:12–17
Salmo 95
Lucas 2:36–40

31 DE DICIEMBRE

• SAN SILVESTRE I, PAPA •

En el principio ya existía aquel que es la Palabra,
y aquel que es la Palabra estaba con Dios y era Dios.
Ya en el principio él estaba con Dios.
Todas las cosas vinieron a la existencia por él
y sin él nada empezó de cuanto existe.
El era la vida, y la vida era la luz de los hombres.
—JUAN 1:1–4

Termina el año. Mañana comienza uno nuevo. Los días y los meses pasan. La vida cambia. Nosotros cambiamos.

Cristo permanece, ayer, hoy y siempre.

1 Juan 2:18–21
Salmo 95
Juan 1:1–18

ACERCA DEL AUTOR

Santiago Cortés-Sjöberg lleva 18 años dedicado al ministerio pastoral, a enseñar y a escribir. Es el editor jefe de currículo de Loyola Press, catequista principal y miembro del cuerpo docente del *Liturgical Hispanic Institute* de la Archidiócesis de Chicago. También participa en *Fostering Faith*, el programa de formación catequética de la Arquidiócesis de Chicago y es profesor adjunto de la universidad *Saint Mary of the Lake/Mundelein Seminary*.

Pedidos por adelantado:
25% de descuento

¡Enriquezca su fe cada día con *Un año lleno de gracia*!

Encargue la edición de 2016 ahora y **AHORRE UN 25%** con el código de promoción **4472**.

Esta oferta vence el 1 de deciembre de 2015. No es válida con otras ofertas.

3 minutos de retiro

**3 minutos diarios te pueden brindar
24 horas de paz.**

Los *3 minutos de retiro* te invitan a tomarte un descanso
dedicado a la oración justo enfrente de tu computadora.
Dedica un poco de tiempo a reflexionar en silencio sobre
un pasaje de las Sagradas Escrituras. Puedes suscribirte
para recibirlo de forma gratuita por correo electrónico
cada mañana.

Suscríbete gratis en www.loyolapress.com/retiro